PITCH PERFECT

精·准·表·达

一开口就能直抵人心的说话术

陈立之◎著

黑龙江教育出版社

图书在版编目（CIP）数据

精准表达/陈立之著.--哈尔滨：黑龙江教育出版社，2017.2
（读美文库）
ISBN 978-7-5316-9133-4

Ⅰ.①精… Ⅱ.①陈… Ⅲ.①语言艺术－通俗读物
Ⅳ.①H019-49

中国版本图书馆CIP数据核字（2017）第041212号

精准表达
Jingzhun Biaoda

陈立之 **著**

责任编辑	华 汉 常 畅	
封面设计	久品轩	
责任校对	张 楠	
出版发行	黑龙江教育出版社	
	（哈尔滨市南岗区花园街158号）	
印　　刷	保定市西城胶印有限公司	
开　　本	880毫米×1230毫米　1/32	
印　　张	7	
字　　数	140千	
版　　次	2017年5月第1版	
印　　次	2018年4月第2次印刷	

书　　号	ISBN 978-7-5316-9133-4	定　价　26.80元

黑龙江教育出版社网址：www.hljep.com.cn
如需订购图书，请与我社发行中心联系。**联系电话：**0451-82533097　82534665
如有印装质量问题，影响阅读，请与我公司联系调换。**联系电话：**0312-7182726
如发现盗版图书，请向我社举报。**举报电话：**0451-82533087

　　表达，是一件每天都在发生的事情。表达，是一门人人都需要掌握的交流工具。

　　表达，既简单又深奥。说它简单，是因为我们每天都在说话，都在有意无意地进行表达。说它深奥，是因为表达的内容林林总总，表达的形式千变万化，表达的对象各不相同，绝不仅仅是日常的说话那么简单，而是一种技巧，一种学问，一门艺术。

　　我们每天都在说话，都在表达，然而并不是人人都懂得表达。有的人明明内心有一套完整的看待事物、解决问题的方案，但是一经口语表达，就语无伦次，颠三倒四，词不达意，不知所云；有的人伶牙俐齿，巧舌如簧，嘴巴一张便如大河倾泻，滔滔不止，然而却是雷声大、雨点小，表达效果甚微，听者也不以为然，甚至心生反感。

　　究其原因，是表达不得其法，不得要领，也就是未能掌握精准表达的法门。只有以精准的方式、用精准的语言、向精准的对象表达，才是有效的表达，才是成功的表达。

　　在当今这个高速发展的信息时代，随着传播手段的日益现代化，社会竞争日趋激烈，人与人之间关系和交往的密切，在社会生活的各个领域，表达能力的大小越来越起着举足轻重的作用。交际、恋爱、谋职、合作、讨论、说服、请示汇报、推销、管理、演讲、谈判、辩论，都毫不例外地依赖于口语表达。衡量一个人是否有能力，这种能力能否表现出来，在很大程度上是看他的表达能力。表达能力成了一个人能否尽快脱颖而出、出人头地的关键所在。

有位名叫亚诺·本奈的小说家曾说："日常生活中大部分的摩擦冲突都起因于恼人的声音、语调以及不良的谈吐习惯。"细察生活于身边的人就会发现，谈吐的缺陷、表达的失误可能导致个人事业的挫折、职业的不顺，可能导致夫妻的情感不和乃至人际关系的紧张恶化。要想改变这种不如意的局面，就要注重提高自己的谈吐水平和表达能力，锤炼语言，斟酌措辞，力求字字珠玑，句句精当，将每句话都表达得精准到位，精妙传神。

精准的表达让你大受欢迎，蹩脚的表达让你处处碰壁。有的人口吐莲花，有的人期期艾艾；有的人谈吐隽永，有的人言语干瘪；有的人唇枪舌剑，有的人吞吞吐吐……口才和表达能力有大小之分，人生自然也是天壤之别。

精准的表达显示一个人学识的广博、语言的隽永、举止的优雅和应变的灵活，它往往是一个人综合素质的体现。拥有精准高超的表达技能是每个人渴望的目标。本书将告诉你如何掌握这些技巧，让你一步步实现目标，从此冷静自信地站在所有人面前，流利自如、随心所欲地表达自己的思想，在生活与工作的舞台上优雅地左右逢源，在社交场、情场、职场、商场等人生各种场合挥洒口才，展现风采，大显身手。

精准的表达，精彩的人生。掌握精准表达的诀窍，跨出改变命运的关键一步！

目 录
Contents

Part1　流利表达，一开口就打动人心

字正腔圆地表达 / 003

抑扬顿挫地表达 / 006

语调舒缓地表达 / 008

节奏明快地表达 / 010

语气精当地表达 / 012

流畅自如地表达 / 013

说话如弹琴，表达似流水 / 015

信心是表达的"维他命" / 017

扫清表达的语言障碍 / 018

纠正表达的发音缺陷 / 020

精准表达：吐字清晰发音准 / 022

Part2　精练表达，三言两语说到点子上

不做唠叨的"啰嗦先生" / 027

消除语言中的累赘成分 / 029

简短、简洁、简练地表达 / 031

简明扼要，三分钟表明意思 / 032

清水出芙蓉，天然去雕饰 / 034

明白晓畅，通俗易懂 / 036

语言朴素不等于表达贫乏 / 037

大道理用大白话来表达 / 039

言简意赅，一针见血 / 041

精准表达：简洁明快四准则 / 043

Part3　精彩表达，妙语连珠字字千金

话语出彩，表达精彩 / 047

审慎措辞，句句出彩 / 049

说话有力量，表达有力度 / 051

腹有诗书气自华 / 053

积之愈深，言之愈佳 / 055

奇妙比喻，新奇表达 / 057

小技巧让表达"飞"起来 / 059

丰富见识，增强表达 / 061

读书破万卷，表达如有神 / 063

精准表达：克服交谈小毛病 / 065

Part4　精妙表达，把话说到对方心窝里

用提问来"投石问路" / 071

搭起双方沟通的桥梁 / 073

摸清对方底牌再表达 / 074

以话题作为交谈的切入点 / 076

多侃点"闲谈"资料 / 078

消除戒意,乘隙而入 / 081

投其所好,说中心坎 / 083

站在对方的角度表达 / 085

把话说到对方心窝里 / 087

揣摩心思,拨动心弦 / 088

察言观色,寻找交谈共同点 / 090

精准表达:巧言妙语动人心 / 093

Part5　缜密表达,逻辑严谨无懈可击

都是含糊其辞惹的祸 / 097

环环相扣,表达无懈可市 / 008

没有调查就没有发言权 / 100

用理由敲开说服的大门 / 102

事实胜于雄辩阔论 / 105

实物表达,无声胜有声 / 107

晓之以理,动之以情 / 109

数字表达,事半功倍 / 111

谨慎周密,把话说得天衣无缝 / 113

精准表达:增强说服五技巧 / 114

Part6　重点表达,一语中的句句靠谱

颠三倒四是表达的大忌 / 121

摒弃漫无边际的谈话陋习 / 122

明确因何沟通、因何表达 / 124

带着目的来沟通 / 125

围绕中心来表达 / 127

说话表达要言之有物 / 129

对症下药，问题迎刃而解 / 131

攻其要点，击中"要害" / 133

精准表达：紧扣要点细陈述 / 135

Part7 优雅表达，为谈吐穿起美丽的外衣

优雅的谈吐讨人喜欢 / 139

温和表达的迷人魅力 / 141

曲径通幽，含蓄婉转把话说 / 142

婉言劝导是说服的上上策 / 145

赞许比批评更有力量 / 146

找准被赞美者的"穴位" / 149

优雅拒绝，说"不"有窍门 / 151

为你的回绝加上"垫子" / 153

彬彬有礼，不卑不亢 / 155

用身体语言为表达加分 / 158

精准表达：玩转语言"障眼法" / 161

Part8 因人表达，向对的人表白对的话

因人表达，不拘一格 / 165

边看边说，边说边看 / 166

性格不同，表达有别 / 168

晚辈向长辈表达——体贴尊重 / 169

长辈向晚辈表达——语重心长 / 171

异性之间表达——亦庄亦谐 / 173

恋人之间表达——心有灵犀 / 178

领导向员工表达——寓刚于柔 / 180

员工向领导表达——谦逊请教 / 182

同事之间表达——疏通感情 / 184

跟任何人都聊得来 / 185

精准表达：分清对象好沟通 / 187

Part9　恰当表达，每一句都说得恰到好处

说话表达要恰到好处 / 195

把握好表达的分寸 / 196

表达感情要适可而止 / 198

奉承也要有个度 / 199

逢人只说三分话 / 201

口有遮拦，表达细掂量 / 203

恰当表达，不再话不投机 / 204

说话表达要多留余地 / 206

不触犯对方的"逆鳞" / 207

避开交谈中的"雷区" / 210

精准表达：话到嘴边留半句 / 212

流利表达，一开口就打动人心

嗓音是身体的音乐，语调是灵魂的音乐。要想在说话交谈中清晰准确地表达自己的观点和思想，就要留心自己说话的声音，使你的话如同音乐一般动听，应快时要快，应高昂时要高昂，应慢时要慢，应低沉时要低沉。字正腔圆，清脆悦耳，抑扬顿挫，是打动听众的首要秘诀。

字正腔圆地表达

我们讲话表达要让人能够接受，首先要做到发音清楚，吐字清晰。

你和对方的谈话已经开始，那么在言语表达、思想交流中，最好分出一部分精神来，留心你的声音。"我的声音是不是太低了？"说话的目的在于使人全部明了，如果声音太低，别人听不清楚，听不懂，就是白费口舌。

再问一句："我说话的声音是不是太响了？"试想在宁静的黄昏，树下谈心，或在温暖的炉边，围炉叙旧，高声谈话是如何煞风景啊！在客厅里，过高的声音会使主人嫌恶；在公共地方，更会令你的同伴感到难堪。你说话时要记着，对方并不是聋子。

在生活中，我们都喜欢听那些饱满圆润、悦耳动听的声音，干瘪沙哑的声音往往让人生厌。所以锻炼出一副好嗓子，练就一腔悦耳动听的声音，是高超的表达水平的必备条件。

练声的第一步，练气。

俗话说练声先练气，气息是人体发声的动力，就像汽车上的发动机一样，它是发声的基础。气息的大小对发声有着直接的关系。气不足，声音无力；用力过猛，又有损声带。所以我们练声，首先要学会用气。

吸气：吸气要深，小腹收缩，整个胸部要撑开，尽量把更多的气吸进去。可以体会一下你闻到一股香味时的吸气法。注意吸气时不要提肩。

呼气：呼气时要慢慢地进行。要让气慢慢地呼出。因为我们在演讲、朗诵、论辩时，有时需要较长的气息，那么只有呼气慢而长，才能达到这个目的。呼气时可以把两齿基本合上。留一条小缝让气息慢慢地通过。

学习了吸气与呼气的基本方法后，你可以每天到室外、到公园去做这种练习，做深呼吸，天长日久定会见效。

练声的第二步，发声。

人类语言的声源是在声带上，我们的声音是通过气流振动声带而发出来的。

准备工作：先放松声带，用一些轻缓的气流振动它，让声带有点准备，发一些轻慢的声音，千万不要张口就大喊大叫，那只能对声带起破坏作用。这像我们在做激烈运动之前，要做些准备动作一样，否则容易使肌肉拉伤。

声带活动开了，我们还要在口腔上做一些准备活动。我们知道口腔是人体一个重要的共鸣器，声音的洪亮、圆润与否和口腔有着直接的联系，所以不要小看了口腔的作用。

口腔活动可以按以下方法进行：

进行张闭口的练习，活动嚼肌，也就是面皮。这样等到练声时嚼肌运动起来就轻松自如了。

挺软腭。这个方法可以用学鸭子叫"嘎嘎"声来体会。

人体还有一个重要的共鸣器，就是鼻腔。有人在发音时，只会在喉咙上使劲，根本就没用上胸腔、鼻腔这两个共鸣器，所以声音单薄，音色较差。练习用鼻腔的共鸣方法是，学习牛叫。但在平日说话时，如果只用鼻腔共鸣，那么也可能造成音量太重的结果。

我们还要注意，练声时，千万不要在早晨刚睡醒时就到室外去练习，那样会使声带受到损害。特别是室外与室内温差较大时，更不要一出门张口就喊，那样，冷空气进入口腔后，会刺激声带。

练声的第三步：吐字

吐字似乎离发声远了些，其实二者是息息相关的。只有发音准确无误，清晰、圆润，吐字才能"字正腔圆"。

我们在小学时学习过拼音，知道每个字都是由一个音节组成的，而一个音节我们可以把它分成字头、字腹、字尾三部分，这三部分从语音结构来分，大体上字头就是我们说的声母，字腹就是我们说的韵母，字尾就是韵尾。

吐字发声时一定要咬住字头。有一句话叫"咬字千斤重，听者自动容"说的就是这个意思。所以我们在发音时，一定要紧紧咬住字头，这时嘴唇一定要有力，把发音的力量放在字头上，利用字头带响字腹与字尾。

字腹的发音一定要饱满、充实，口形要正确。发出的声音应该是"立着的"，而不是"横着的"；应该是"圆的"，而不是"扁的"。但是，如果处理得不好，就容易使发出的声音扁、塌、不圆润。

字尾，主要是归音。归音一定要到家，要完整，也就是不要念"半截子"字，要把音发完整。当然字尾也要能收住，不能把音拖得过长。

如果你能按照以上的练习要求去做，那么你的吐字一定圆润、饱满，你的声音也就会变得悦耳动听了。

抑扬顿挫地表达

我们在说话表达中，只要重视并运用语调的抑扬顿挫的变化，即使是抽象枯燥的内容也能表达得娓娓动听，牢牢吸引住听众；如果不善于运用语调变化，即使是生动有趣的内容，也会表达得单调平淡，使听众昏昏欲睡。这就要求我们必须掌握驾驭语调的技能技巧，以便能淋漓尽致地表达思想感情，增强说话效果。

1. 停顿与连接

说话中的停顿与连接是为表达语句的意义和层次、思想和情感服务的，并不完全受标点符号的制约。没有标点符号的地方，有时也需要停顿；有标点符号的地方，有时则要连接。这一点应该牢记，但也不能生搬硬套。

停顿与连接在说话中起着重要的表情达意的作用，主要意义在于以下六点：

（1）保证语意清晰明确，不使听者产生误会；

（2）强调重点，加深印象；

（3）并列分合，使内容完整；

（4）造成转折呼应；

（5）体现思考判断，给听众的领悟提供依据和时间；

（6）营造意境，令人回味想象。

2. 重音

重音可分为语法重音和强调重音。语法重音是显示语句语法结构的，位置比较固定，有一定的规律。强调重音可分为逻辑重音和感情重音。感情重音强调某种特殊的感情，如表露喜怒好恶等所使用的重音。逻辑重音是能突出语句目的、体现逻辑关系、点染感情色彩的关键词句，其具体表现较为复杂，应根据内容予以区分并把握。重音需在非重音的环境中存在并采取适当的方法加以突出，二者必须有机地衔接和过渡，做到和谐统一。

在表达时，重音一般是重读，但也可根据不同的言语环境选择相应的语音变化来突出重音，如压抑气息、用轻声或低声表达，用短促有力的声音表达，用拖长的声音表达等，都可以显示重音并实现言语目的。

在言语交锋中，有时可以利用重音技巧摆脱对方所设计的圈套，取得有利地位，同时也陷对方于尴尬境地。例如：

一天，林肯低着头在擦自己的靴子，有位外国外交官看见，便嘲讽道："喂，总统先生，你经常擦自己的靴子吗？"

"是啊，"林肯答道，"你是擦谁的靴子呢？"

林肯一句话就转移了对方说话的重音，使自己脱离被嘲弄的境地，而陷对方于尴尬之中。

3. 快慢

快慢指的是说话表达的速度变化。在这里，快和慢是相对来讲的。

说话表达速度的快慢，与交际目的、表达内容、环境气氛、心境情绪有关。一般说来，说明叙述时，语速稍快；抒情议论时，语速稍慢。紧张热烈时，语速稍快；在幽静庄重或沉闷凄凉的气氛中，语速稍慢。心情激动时，语速较快；心情平静或忧伤时，语速较慢。

语速变化是表情达意的一种重要手段。速度快，会使人感到急促、紧张；速度慢，会使人感到安闲、平静。恰当地运用语速的变化并结合其他言语表达技巧，可以渲染场景，烘托气氛，增强言语表达的节奏和气势，产生巨大的艺术感染力。

语调舒缓地表达

就一个人说话的表达效果来说，语调和说话的内容一样，都是很重要的。有的人说话的语调像电钻、像小号，不容别人插话和反驳；有的人语调吞吞吐吐、拖泥带水，能把听者的耐心耗尽；有的人语调虚情假意、装模作样，让人听了浑身不自在。很多时候，我们说话的内容很好，但因为语调的缘故而使得表达效果与自己期望的效果相差甚远。

美国科学家的研究证明，一段讲话是否被公众接受，内容的重要性只占到30%，讲话人的身体姿态占20%，衣着占10%，讲话的语调占到40%！

走进一家高档时装的专卖店，哪怕你忘了带钱包，如果你能从容地、甚至是傲慢地对店员说："把那件衣服拿来给我试试。"她一定会跑来跑去地为你服务；如果你怯怯地提出同样的要求，即使你口袋里的钱足够付账，店员也先要冷冷地观察你，再慢吞吞地去拿衣服，还一直冷眼盯着你，怕你把衣裳弄皱了。这就是不同语调的差别。

选择什么样的语调，有时比选择什么样的词汇更重要。

很长时间以来，被认同的女人的声音是这样的：尖细、轻柔，有点絮絮叨叨和喋喋不休，这是娇弱的女人所应该拥有的理想的讲话方式，因为它时刻可以唤醒男人对她们的保护意识。在舞台和电影上，低沉的女声只有两种：一种是农妇，粗犷的沙哑；一种是美女蛇，甜蜜的沙哑。20世纪40～50年代银幕上的玛琳·黛德丽和劳伦·巴考尔的低沉沙哑、果断又婉转的语调让男人爱恨交加、魂不守舍，一时成为女士们争相模仿的对象。

　　用不着成为帕瓦罗蒂，我们每个人都可以拥有一副优美的嗓音，只要我们懂得如何控制自己的语调。医生平缓、不带感情色彩的语调可以平息病人的焦虑；教授威严、清晰的语调可以控制整个课堂的气氛；热线电话的主持人几乎无一例外地用一种语调说话：缓慢、低柔、娓娓道来，他们关切的语调可以渗透到听众的心里。

节奏明快地表达

　　说话有节奏感，才具有十分强烈、深刻和丰富的表现力。

　　节奏，是大自然和人类社会运动形式的一种表现。日出日落，潮涨潮退，花开花谢，冬去春来；人的起居作息，社会的兴衰更替，无不体现出事物运动形式的变化，一种有规律、有秩序的变更。事物运动过程中所呈现的有规律、有秩序的变化，就是节奏。

　　我国的古代典籍《礼记》中说："节奏，谓或作或止。作则奏之，止则节之。"还说，"言语之美，穆穆皇皇。穆穆者，教以和；皇皇者，正而美"。

　　唐代大诗人白居易的名篇《琵琶行》就对琵琶演奏出的节奏有过绝妙的写照。

　　大弦嘈嘈如急雨，小弦切切如私语。

　　嘈嘈切切错杂弹，大珠小珠落玉盘。

间关莺语花底滑，幽咽泉流冰下难。

冰泉冷涩弦凝绝，凝绝不通声暂歇。

别有幽愁暗恨生，此时无声胜有声。

银瓶乍破水浆迸，铁骑突出刀枪鸣。

曲终收拨当心画，四弦一声如裂帛。

……

这里的"急雨""私语""莺语"和"大珠小珠"等就生动地展现了琵琶乐音的轻重快慢及起伏停顿的节奏。

古人早就认识到了节奏的性质和口语节奏的表现力。现代人也常说，"急人快语""疾言厉色""语重心长""听话听声，锣鼓听音"等。这些，也都从不同角度说明了口语节奏所具有的感情色彩、形象内涵和动人力量。

一次谈话、一回座谈、一场论辩、一台演讲、一堂教学从头到尾声调高亢不行，从头到尾轻声细语也不好；从头到尾平铺直叙、平淡无奇不妥，从头到尾光怪陆离、危言耸听也不佳。要使听众自始至终都能精神饱满和有效地接受信息，使讲话、座谈、教学和演说获得理想的效果，必须做到以下两点。

（1）在声音形式上，语音应有高有低，语调应有抑有扬，语速应有快有慢，吐字停顿应有长有短。

（2）在内容、风格和表达手法方面，信息应有强有弱，主旨应有贴有离，文采应有浓有淡，风貌应有俗有雅，情与理应有穿插交错，论述与例证应由多种多样的逻辑格式展开。

有节奏的表达语速具有如下表达效果：

一种效果是，高亢铿锵的语调催人奋发，快急的语速使人激动、紧张，低沉的语音叫人深思和黯然神伤。或者进一步说，快的语速，重的语音，扬的语调，短的句式，小的停顿，凝练的信息内容，刚健的词语风格会表现出兴奋、爽快、高昂、激动和急切的感情色彩，从而使听众不自觉地受到相应的感情冲击和影响，并产生相应的亢奋、紧张或紧迫等心理。

另一种效果是，慢的语速，轻的语音，抑的语调，长的句式，大的停顿，松散的信息内容。柔和的语词风格显示出安然、从容、平静、淡雅和严肃、沉重的感情色彩，又会使对象不由自主地受到相应的情绪感染和影响，并产生相应的闲散、悠缓、恬适、庄重、深沉和悲痛的心理。

语气精当地表达

说话是人们交流信息、传情达意的一个重要手段。它所表达的意义是通过人们对其发音器官的有意识控制和使用而表现出来的。这种控制和使用的一个重要对象便是说话的声和气。恰到好处地使用声和气不仅能充分地表达说话的意图和情感，而且还能使说话生机勃勃，充满艺术的感染力。

譬如，有人说话总是和声细语的。这种声和气宛如柔和的月光、涓涓的泉水，由人心底流出，轻松自然，和蔼亲切，不紧不慢，能给听者以舒适、安逸、细腻、亲密、友好、温馨的感觉。人们在请求、询问、安慰、陈述意见时常使用这种声和气。它可以弘扬男性的文雅大度和女性的阴柔之美。尤其是在抒发情感时，这种声和气的运用更具有一种迷人的魅力。

还有人说话是高声大气的。这是一种人们用来召唤、鼓动、说理、强调和表达自己激动心情的声和气。它可以表现说话者的激情和粗犷豪放的气质。虽然它和大吼都属于高音频和高调值，但是它通常是用来表示极度的欢喜或慷慨激昂的。还有其他很多种语气，恶声恶气，怪声怪气，低声下气，唉声叹气，有声无气等等。

不同的声和气表达着不同的意思。因此，我们说话时，不仅要注重遣字用词，更应该选用恰当的声和气。这一点十分重要。否则，再美的词语也会失去光彩，并很有可能引起听者的猜疑、妒忌、不满、反驳、敌视、唾弃和嘲笑。

选择用怎样的语气谈话表达，要取决于你所处的场合，你的谈话对象，你谈话的内容目的等各种因素，需要具体问题具体分析。但事前意识到讲话语气的作用对你的谈话表达目的的达成是大有裨益的。

流畅自如地表达

一家大报的广告部经理给医生打电话来说："你能否帮助一位女士保留她的工作？"

接下来他解释道："这位女士60多岁了，15年来一直做我的秘书。我很欣赏她，但她说话的速度快得让我跟不上。几年前我还不怎么在乎，可是随着业务负担和压力的加重，她的说话声音对我刺激越来越大。我确实不愿意辞退她，但如果她还是不能减低速度，我就不得不让她离开我，以使我的神智能够保持清醒。"

后来，当这位秘书来同医生见面时，医生确实体会到了广告部经理的为难之处。可是这位女士也有其难处。她整天总是忙个不停，各项文书工作、各界人士来访洽谈、紧急事务的处理把她的工作日程排得满满的，渐渐地，她说话的速度就与一天工作的节奏同步起来。

在开始指导她学习"减速"的技巧之前，医生先开了这么个处方：做几张纸条，让她贴在诸如电话机之类能引起她注意的地方。纸务上面写着："慢、勿跳跃。"

和大多数说话过快的人一样，她吐字时跳跃得很厉害。因此，医生也特别强调要求她把每一句话语清楚连贯地说出来。

三周过去了，她处处留心自己的说话速度。渐渐地，一种可喜的宁静降临在她的办公室里。有一天，广告部经理又打电话给医生，他愉快地说："以前她的声音听起来像一阵冰雹落在屋顶上，而现在，她的声音就像潺潺小溪一样轻快欢畅。"

同说话太快的人相反，还有一些人说话永远使用"慢挡"。

有一位推销员发现自己总是难以在规定的时间内把要说的

话说完。有时，他驱车几十分钟赶到一位客户家里，却为只有15分钟的谈话时间来介绍产品而发愁。

他的主要问题在于不知道如何组织言辞，他应该学会把想说的话安排好。这样，在必要的时候，就可以缩短语言却不影响谈话的效果。更重要的是，他必须学会如何让说话速度和具体情景相适宜，同时又不丧失语言清晰度和说服力。

当他开始学习调整速度之前，一般人只需10分钟就可以轻易讲完的话题，他要花上15分钟。而现在，他可以在10分钟内，用有效的言辞，谈完别人要花20分钟才能谈完的问题。他还可以按照自己的愿望加快或减慢说话的速度。

可见，调整语速有两方面的意义，无论你说得太快，还是说得太慢，都可以改正过来。

你说话表达的速度没有必要像子弹一样迅疾，也不必像河马那么迟钝，既不要太快也不要太慢，重要的是让语言流畅自如。

说话如弹琴，表达似流水

说话表达不仅可以表现一个人的内在形象，更可以体现出一个人的内在修养。

那些讲话磕磕绊绊没有任何节奏感的人，很少能够打动他人，这样的人，几乎说不出什么值得我们去注意的东西。只有懂得说话的节奏、思路清晰的人，才会有活跃的思维。

掌握好节奏的最高境界是表达自然流利。

那么，如何提高说话表达的流利水平呢？

首先，应熟悉讲话的主题。

当我们的思考不发生任何迟疑的情况时，要说的话也自动地到了嘴边。充分的准备可以增加流利程度，因为准备妥当能增加自己的自信心，从而更能坚信自己要讲的东西。另外，熟悉主题会使讲话者有更大激情，这种激情会使讲话者的整个身心都投入到其演说的境界之中，流利也就不成其问题了。

其次，发音要准确。

发音含糊不清是说话犹豫的一种表现。如果讲话者连续几个地方都有迟疑不决的现象，就会使人感到他其实并不知道自己在讲什么，而是在头脑中力图发现哪儿出了毛病，结果说话更加不流利。

再次，要充满热情。

我们注意到，人们激动时，声音变高，语速变快，此时，语言似乎更加流利。所以，在演讲时，要用你的热情感染他人，要大声讲话。如果你的情绪已经紊乱，站在听众前面怕得发抖，就要大声地讲话。

最后，迅速地讲话也能提高流利程度。

当你迅速讲话时，你的心理便能更快地发挥功能，就像阅读一样，如果你能集中力量快速阅读，那么，在你只用于读一本书的时间内，你就能读两本书，并且获得更透彻的理解。

　　掌握好说话的节奏，使说话就像琴弦一样有张力，像流水一样缓缓东流。对此，我们应该积极地学习。

信心是表达的"维他命"

　　有人曾作过调查，想搞清楚人们进行口才训练的原因和内心愿望是什么，调查的结果惊人的一致。大多数人的内心愿望与原因基本是一样的：当人们要我站起来讲话时，我觉得很不自在，很害怕，使我不能清晰地思考，不能集中精力，不知道自己要说的是什么。所以我的最大愿望就是可以在公众面前自信、泰然地发表自己的观点，逻辑清晰，内涵丰富，让人折服。

　　有强烈自信心的人，一般来说是能言善辩的人；能言善辩的人，一般来说又是具有强烈自信心的人。

　　自信可以促进说话表达能力的提高；说话表达能力的提高又可以进一步增强自信，两者是互为作用的。自信，是提高说话表达能力的推动力，是事业成功最重要的力量；说话表达是自信能力的外在表现，是提高自信最有效的方法之一。

　　林肯说："不论人们如何仇视我，只要他们肯给我一个略说几句的机会，我就可以把他们说服。"这是何等自信！

　　面对大庭广众讲话、表达自我，需要巨大的勇气和胆量，这是培养和锻炼自信的重要途径。在我们周围，有很多思路敏锐、天资颇高的人，却无法发挥他们的长处参与讨论，并不是他们不想参与，而是缺乏信心。

在公众场合，沉默寡言的人都认为："我的意见可能没有价值，如果说出来，别人可能会觉得很愚蠢，我最好什么也别说，而且，其他人可能都比我懂得多，我并不想让他们知道我是这么无知。"这些人常常会对自己许下渺茫的诺言："等下一次再发言。"可是他们很清楚自己是无法实现这个诺言的。每次的沉默寡言，都是又中了一次缺乏信心的"毒素"，他们会越来越丧失自信。

从积极的角度来看，如果尽量发言，就会增加信心。不论是参加什么性质的会议，每次都要主动发言。有许多原本木讷或口吃的人，都是通过练习增强说话信心而变得侃侃而谈的，如肖伯纳、田中角荣等。信心是当众发言、沟通表达的"维他命"。

扫清表达的语言障碍

21世纪的今天，人们理所当然认为演员必具备动人的谈吐，但在以往的电影界中却非如此。20世纪20年代末，有声电影的出现，宛如一把横扫一切的镰刀，几乎把当代的明星们淘汰个精光，那时的好莱坞就像发生了一场瘟疫一样。

在无声影片的时代中，明星们一向不必注意谈吐，因为影迷根本听不见他们的声音，所以声音的出现使大家惊慌失措。一位前程无量的明星第一次听完自己的录音之后，竟吞服了过量的安眠药。众多影迷心目中的情人——卡蕾妮·格菲丝在《时代》周刊对她做了毫不留情的影评之后，便告别影坛，一去不复返了。那篇影评是这么写的："美丽的卡蕾妮·格菲丝原来是用鼻子说话的。"

在声音与电影结合之前，银幕情帝鲁道夫·范伦铁诺的后继者——约翰·吉伯特签订过一项4年合同，年薪100万美元。但在他拍的第一部有声影片里，他那副尖细的嗓音就引得观众哄笑不已，而这些观众一年前还在为吉伯特的热情神魂颠倒呢！

有声电影占据了银幕，无声电影的黄金时代过去了。

但是，这一段往事却无时无刻不在提醒我们，若想获得成功，谈吐、表达的功夫是十分重要的。几乎可以肯定，一位成功的办公室人士，一定也是谈吐自信、准确、有说服力的人士，甚至可以称之为"办公室口才家"。因为，在"办公室战争"中，每一个渴望成功者无一例外地要运用口才、驾驭谈吐，去推销自己、说服别人，从申请第一项工作的晤谈到成长为董事长的演讲，在这漫长的征途中，他的聪明睿智、才干能力、计划构想，几乎都要通过语言表达出来。如果你也希望成为一位这样的成功者的话，那么，从现在起，注意你的谈吐、表达吧！

马歇尔·麦卢汉的名言——"外观等于信息"也许并不适

用于人类所有交流方式，但在语言交流上却是肯定适用的。

语言出现障碍或表达能力欠缺，至少会使人低估你，会导致针对你的流言蜚语无情传播，当然这更会歪曲了你的形象。

语言障碍各种各样，有的就像肢体伤残，需要施以整形外科手术矫正；有的只需要像改旧衣服一样略加修整；有的则像一个松弛的腹部，要把它绷紧；还有些就像修理汽车一样，需要调整零件或上点油来润滑……就像叉子、筷子产生之前就有了手指一样，没有含意的叽里咕噜、尖叫狂吼、咪咪嬉笑在语言产生前就被人类广泛使用了。

纠正表达的发音缺陷

在说话表达过程中，一些不正确的发音会成为我们表达的障碍，让我们难以精准、清晰地表达自己的思想和观点。

以下的一些发音缺陷，是需要你在平时说话表达中注意纠正的。

1. 鼻音

用大拇指和食指捏住鼻子，然后说"呃……哼……嗯……"你的手指便会感到发音所引起的鼻部的颤动，这就是鼻音。

用鼻音说话很容易给人装腔作势，扭扭捏捏的感觉，这是一个极具损坏个人说话形象的缺点。

为了避免用鼻腔发声，说话时嘴巴要张开，上下齿间保持半厘米距离，不像玉米轴上的两列玉米粒一样紧紧靠合在一起。要用胸部产生共鸣。

2. 尖音

我们常见的提高嗓门唤小孩子的声音就是尖音，说话音尖，脖子粗大，血管和肌腱像绳索一样凸起，下颚附近肌肉紧张，这声音听起来就像海鸥叫声一样尖锐。尖声比鼻音还难听，治疗尖音，首先要努力减轻生理紧张，放松你的下颚、舌头、嘴巴、声带。

3. 低语

有人说，低语是声音的鬼魂，即丧失了大部分语调和共鸣的声音。我们可将手指放在自己喉头上，以正常音量说一两句话，要完全没有颤动感，没有嗡嗡声，就是在用低语说话。无人时的自言自语，佛前祈祷都是低语。但用低语说话，常会将语句中整个音节省略，听起来使人昏昏欲睡。

4. 沙哑

如果不是因为感冒、抽烟和其他疾病，声音沙哑是不适当的呼吸造成的，说话时气流作用于声带强度过大，使声带很疲劳，声音就会沙哑。沙哑的声音有的因特殊情况也会产生好听的效果，但终非长久之计，须想办法调整。

5. 含糊不清

有的人说话时嘴里像含了一个什么东西一样含糊不清，说出来的话就像黏在一块，有时整个字词都省掉了，这种人说话时嘴唇好像不大动，我们常常把这种咬字不清、发音低浊、语言含糊的说话者称为嗫嚅者。

6. 单调

说话声音单调乏味，听起来像机器人说话没有音调的变化，没有色彩。正常的声音包括12～20个音符的音阶，说话单调的声音包含的音符大概不超过5个。

7. 语速。

说话太快或太慢，都会让人听起来不舒服，前者让人觉得喘不过气来太紧张，后者让人昏昏欲睡。正常的语速在不同的情况下有不同的标准，中央人民广播电台新闻联播播音员的速度为每分钟350字左右，教师课堂讲课以每分钟200～250字为宜，平时说话的速度不宜固定，如果不包括增加效果的停顿和情绪变化的影响，一般比朗读慢一些，每分钟160个字左右。

🎙 精准表达：吐字清晰发音准

下面介绍几种简单、易行、有效的口才提高和言语表达训练方法。训练方法的目的，是使人在表达时能够口齿伶俐，语音准确，吐字清晰。

方法：找来一篇演讲稿或一篇文辞优美的散文。先拿来字典、词典把文章中不认识或弄不懂的字、词查出来，搞清楚，弄明白，然后开始朗读。一般开始朗读的时候速度较慢，逐次加快，一次比一次读得快，最后达到你所能达到的最快速度。

要求：读的过程中不要有停顿，发音要准确，吐字要清晰，要尽量达到发声完整。因为如果你不把每个字音都完整地发出来，那么，速度加快以后，就会让人听不清楚你在说些什么，也就失去了"快"的意义。我们的"快"必须建立在吐字清楚、发音干净利落的基础上。我们都听过体育节目的解说专家宋世雄的解说，他的解说就很有"快"的功夫。宋世雄解说的"快"，是快而不乱，每个字、每个音都发得十分清楚、准确，没有含混不清的地方。我们希望达到的"快"也就是他的那种"快"，吐字清晰，发音准确，而不是为了"快"而"快"。

这种训练的优点是不受时间、地点的约束，无论在何时、何地，只要手头有一篇文章就可以练习。而且还不受人员的限制，不需要别人的配合，一个人就可以独立完成。当然你也可以找一位同学听听你的速读练习，让他帮助挑出你速读中出现的毛病。比如哪个字发音不够准确，哪个地方吐字还不清晰等等，这样就更有利于你有目的地进行纠正、学习。你还可以用录音机把你的速读录下来，然后自己听一听，从中找出不足，进行改进。如果有老师指导就更好了。

但需要注意的是速读法并非仅为锻炼讲话的速度，说话的速度是不宜太快，亦不宜太慢。说话太快使听的人不易应付，而且自己也容易疲倦，有些人以为说话快些，可以节省时间，其实说话的目的，在使对方领会你的意思。此外，不管是讲话的人，或者是听话的人，都必须运用思想，否则，不能确切把握说话内容。当然说话太慢，也是不对的，一方面浪费时间，另一方面会使听的人感觉不耐烦。

下面再做一些这样的练习：

深吸一口气。数数，看能数多少。

跑20米左右，然后朗读一段课文，尽量避免喘气声。

按字正腔圆的要求读下列成语：

英雄好汉，兵强马壮，争先恐后，光明磊落，深谋远虑；

果实累累，五彩缤纷，心明眼亮，海市蜃楼，优柔寡断；

源远流长，山清水秀。

读绕口令：

八面标兵奔北坡，炮兵并排北坡炮；炮兵怕把标兵碰，标兵怕碰炮兵炮。

哥挎瓜筐过宽沟，赶快过沟看怪狗；光看怪狗瓜筐扣，瓜滚筐空怪看狗。

洪小波和白小果，拿着箩筐收萝卜。洪小波收了一筐白萝卜，白小果收了一筐红萝卜，不知是洪小波收的白萝卜多，还是白小果收的红萝卜多。

精练表达，三言两语说到点子上

"言不在多，达意则灵。"冗词赘语，絮语唠叨，不得要领，必令人生厌。要语不烦，字字珠玑，简练有力，能使人不减兴味。简洁是智慧的灵魂，冗长是肤浅的装饰。说话表达贵在惜语如金，言简意赅，以最精练的语言表达最深的内涵。

不做唠叨的"啰嗦先生"

讲话表达，简洁明快是核心准则，务必避免冗长、啰嗦的语言。

简洁明快的语言能增添说话的魅力、加强表达的力度，原因如下：

第一，简洁明快的语言是认识能力和思维能力高超的表现。话语的简洁常常体现出说话人分析问题的快捷与深刻。

第二，简洁明快的语言是果敢决断的性格表现。自信心强、办事果敢的人都说话干脆果断，不拖泥带水。

第三，现代社会节奏快，时间观念强，说话简洁会给人一种生机勃勃的现代人的感觉，所以，简洁明快的话语还是时代风貌的反映。

第四，简洁的话语既能不占用听者太多的时间，又能使听者觉得说话者很尊重他，所以，说话简洁的人受人欢迎。

我们都会有这种感觉：那种说话唠唠叨叨、啰啰嗦嗦、拖泥带水、言语空泛的人，是很令人讨厌的。曾有位"啰嗦先生"在写给家人的信中说：

"……吾于下月即将返里。不在初一即在初二，不在初二即在初三，不在初三即在初四，不在初四即在初五，不在初五即在初六，不在初六即在初七，不在初七即在初八，不在初八即在初九……不在二十八即在二十九。其所以不写三十，因月小之故也……"

"啰嗦先生"这封可简为"吾下月将返里"的书信，却啰嗦了这么长，谁看了也会觉得索然寡味，十分讨厌。虽然这仅是一则笑话，但它也告诉我们一个深刻的道理：说话啰嗦就会失去魅力。

许多说话啰嗦的人，常常是因为情绪激动而造成思维混乱，且语言表达前后倒置，条理不清。所以，要做到说话表达简洁明快，我们就要在思维和语言两个方面下功夫，不断练习，掌握技巧，适当发挥。

1948年，牛津大学举办了一个关于"成功秘诀"的讲座，邀请到了当时名声籍甚的丘吉尔来演讲。3个月前媒体就开始炒作，各界人士引颈等待，翘首以盼。

活动当天，会场上人山人海，水泄不通。全世界各大新闻机构都到齐了。人们准备洗耳恭听这位大政治家、外交家、文学家（丘吉尔曾获诺贝尔文学奖）的成功秘诀。

丘吉尔用手势止住大家雷动的掌声后，说："我的成功秘诀有三个：第一是，绝不放弃；第二是，绝不、绝不放弃；第三是，绝不、绝不、绝不放弃！我的讲演结束了。"说完就走下讲台。

会场上沉寂了1分钟后，爆发出热烈的掌声，经久不息。

在当众讲话中，我们要学习丘吉尔的这种表达方式，去除啰嗦累赘的语言，追求简洁明快的风格。

消除语言中的累赘成分

说话要想清晰准确地表达自己的观点，一个重要的原则就是语言干净明白，不带累赘成分。

不少人说话时习惯加一些自己喜欢的词语与字眼，认为这样可以使自己的表达显得自然，结果只是增加了沟通的障碍，更多时候是给自己添麻烦。

"哦"和"你知道"是语言中毫无意义的累赘成分，只不过是添入了些停顿的声音。除此之外，还有一些大家常见的累赘成分，如"现在""据说""那么""你知道我的意思""你懂吧""等等、等等"之类，以及喘息、碎嘴、清嗓子和哧哧发笑。

清嗓子不仅会刺激说话人的嗓子，而且还会刺激听众的听觉，使他们也想清嗓子。

有个律师烦恼地抱怨：无论什么时候，只要自己一讲话，就能发现听众的眼睛里呈现出一种痛苦的神情。

"我很清楚，"他说，"我的演讲词准备得相当不错，可究竟我说话时有什么毛病呢？"

其实问题很简单，他的毛病就是不停地清嗓子。当他后来认识到这个陋习之后，立刻改掉了（在所有的问题中，"自我约束"的力量不可低估，只要能做到"自我约束"，大部分的语言障碍都能因此而清除）。

至于咔咔发笑，对未满14岁的少年儿童来说是可以原谅的。但如果超过了这个年龄还是不改，就是罪过了。

有位矮小圆胖的中年妇女说话总带着一种持续的刺耳笑声。

为了减弱她的笑声，尽可能使之不那么刺耳，专家首先采用了贴纸的方法，在纸条上写着"咔咔笑"的地方画了一个红叉。还有一个办法是让她练习运用通畅的呼吸来说每句话。这样，她也就没工夫停下来发笑了。

除此之外，专家还采用了一个心理上的措施。

因为咔咔发笑令人联想起少年时代，所以专家问她："你要是喜欢咔咔发笑，为什么不穿上一条少女的迷你裙呢？"清除陋习的前提是要先认识到陋习的存在。事实上，有时只要认识到这一点就足以达到清除的目的了。

贴纸是理想的警告牌。

如果发现自己说话时，常带"哦"之类的字眼，你可以把"哦"字写在贴纸上，在上面画个叉或一条线。至少要做6张这样的贴纸，分别贴在你肯定常看到的地方，诸如写字台、炉灶、电话机等上面，并切实按照这个要求去做。要不了几天，你的障碍就会消除的。

简短、简洁、简练地表达

苏联文学家高尔基说，如果有个人说起话来废话连篇，这就说明他自己也不甚明了他说些什么。

在公共场合讲话，有的人长篇大论，滔滔不绝，用语言的触角抓住了每一位听众，自然令人钦佩；有的人把自己的意思浓缩成一句话，犹如一粒沉甸甸的石子，在听众平静的心湖里激起层层波浪，同样值得称道。换个角度说，如果简短更有力，或同样有力，又何必长篇大论呢？更不用说是冗长而拖沓的演讲了。

高明的说话表达方式应当是，只说一句话，不旁生枝节，抓住精髓，一语中的。

请看一个发生在20世纪30年代的故事。我国著名新闻记者、政治家、出版家邹韬奋先生于1936年10月19日在上海各界公祭鲁迅先生的大会上发表了一句话演讲："今天天色不早，我愿用一句话来纪念先生：许多人是不战而屈，鲁迅先生是战而不屈。"

邹韬奋先生演讲的这一句话，在当时被人们誉为最具特色的演讲。即便是现在人们仍感叹邹韬奋先生演讲的简练有力。透过这一句话的演讲，我们分明可以感受到里边蕴含着极为丰富的内容——既有对当时政治战线、思想战线、文化战线上"不战而屈"的投降派的谴责，又有对鲁迅先生"横眉冷对千夫指"，勇敢战斗，决不屈服的可贵品格的赞颂。"不战而屈"和"战而不屈",同样四个字的不同组合,成为衡量一个人有没有硬骨头的试金石。这极其精练的一句话演讲,巧妙地采用了鲜明的对比,使卑微者更渺小,使高尚者更伟大。尽管只是一句话,却激发了人们奋起抗争的勇气,鼓舞人们以鲁迅先生为榜样,挺身而出,战斗不止。

说话表达的时候,每一句话都要明白易懂,避免用艰涩词汇。别以为说话时用语艰深,就是自己有学问、有魄力的表现。其实,这样说话不但会使人听不懂,而且弄巧成拙,还会引起别人怀疑,以为是在故弄玄虚。当然成功的当众讲话还需要丰富的词汇、多变的句型,使讲话扣人心弦,让听众欲罢不能。

简明扼要,三分钟表明意思

大多数口才出色的人,表达观点都是简短有力、简洁明快的。而自信心不够的人,在说话之前,总先要解释一番为什么要说,然后才说出他想表达的观点。结果,还不等他触及正题,别人早就烦了。

所以,当你想发表观点时,不妨直奔主题,比如,"我想说说关于节省开支的问题……"然后,围绕你的主题,进行尽可能简洁的表达。正如外国谚语所说:当我问你几点钟时,你不要告诉我钟表的工作原理。

为了使说话更加简练明确,有时只让对方迅速听到最重要的东西即可。在使用细节作为论据时一定要保证观点突出，不要有过多的观点。确保只有少量的主要观点，或者仅仅是一个主要观点，然后围绕这个观点把要讲的话讲明白。特别是身为一名领导者，要想说服别人，让别人明确执行你的命令，掌握这种简洁明确的说话方式是十分重要的。

比如，某县国税局连年完不成税收任务，仅上半年全县就欠税300多万元。7月，张局长临危受命，上任后即展开了深入细致的调查、摸底工作。在此前提下，召集20个纳税大户举行座谈会，张局长开宗明义地说道："我是个转业干部，二杆子脾气，我到这儿任国税局长，一不图官，二不图钱，就图个痛痛快快干工作，我初来乍到，能不能踢好头三脚，还要看各位买不买账。一句话，政策以外的钱我　分不收，该纳的税一个子儿也不能少，而且一天也不能再拖，谁觉得为难，自己看着办，下周的这个时候我要结果。"会后，在20个纳税大户的带动下，上半年欠收的所有税款一周内全部完成。

张局长简短的几句话，不仅展现了军人果断的性格和干练的作风，而且句句流露着锋芒。在这样的气势下，有谁愿意与"初来乍到"的新局长过不去呢？所以，张局长上任伊始就来了个"开门红"也就顺理成章了。

在谈话表达当中，有时候需要苦口婆心地讲道理，而有时则不需要长篇大论，紧要处点到为止，正所谓言简意赅、微言大义。

清水出芙蓉，天然去雕饰

平实朴素的语言是说话表达的基调。

华丽的语言不适合于一般的说话，否则就有一种凝重的不和谐感觉。我们平时的说话表达要有平实、朴素的风格，它是占主导地位的，是基本的格调。平实朴素的语言风格，会创造一种相当平和愉快的说话氛围，给人一种和谐亲切的感受。

尤其是身份、地位比听话者高的说话者，一定要平实朴素，即平易近人、谦虚、朴实。这样，谈话才会在和谐气氛中进行下去。

平实朴素的话语往往能表达出很深刻的思想，它如同明快的河流，没有矫揉造作之嫌，无故弄玄虚，装腔作势之疑。

平实朴素的语言，可以称之为天然语言，它是不加雕琢，不作刻意修饰的。没有太多的定语修饰成分，没有太多的修辞加以描绘，如同绘画中的素描、速写。简明扼要地三言两语，就能把自己的意思表达清楚。

陶渊明的"采菊东篱下，悠然见南山"两句诗，无一字雕琢，无一丝斧凿，活画出一幅明丽、恬淡、幽雅、质朴的田园生活图。难怪金代的元好问盛赞陶渊明："一语天然万古新，豪华落尽见真淳。"严羽《沧浪诗话》也称誉："明之诗，质而自然。"

1. "清水出芙蓉，天然去雕饰"

无论在艺术领域内，还是社会生活中，纯朴、自然都可称得上最美的境界之一。艺术大师们往往把朴素作为美的必不可少的条件。列夫·托尔斯泰在1851年的日记中宣称：朴素，是他一生"梦寐以求的品质"；诗仙李白主张：最好的诗文应是"清水出芙蓉，天然去雕饰"。老舍在谈到说话艺术时也曾形象地比喻说："真正美丽的人是不乱施朱粉、不乱穿衣服的。"作为人类社会生活重要组成部分的言语交际活动，某种意义上说，也是一种艺术活动。因此，真正富有魅力的话语，应该是朴素、自然的。

2. 朴素的语言体现美好的情感

朴实无华的语言是真诚心灵的表露，是美好情感的折射，因此，常常有着巨大的感染力。有一年，中国电影的最高奖"金鸡奖"与"百花奖"在北京同时揭晓。著名演员李雪健因饰演《焦裕禄》的主角焦裕禄，而同获这两个大奖的"最佳男主角"。李雪健在获奖后致答谢词时说："苦和累都让一个好人——焦裕禄受了；名和利都让一个傻小子——李雪健得了。"他话音刚落，全场掌声雷动。李雪健这里虽然只说了不到30个字的获奖感言，却非常有感染力，言语中既歌颂了焦裕禄的高尚品质，又体现了自己谦虚的心怀，纯朴实在，通俗易懂，给人留下深刻的印象。

平实朴素的语言最重要的是要言之有物，简单明了，朴素明快。英国大戏剧学家莎士比亚说："简语是智慧的灵魂，冗长是肤浅的装饰。"真正达到平实，也不是一件容易的事，不仅要不间断地提炼语言，而且要不断地说下去。

明白晓畅，通俗易懂

　　口头语言通过耳朵传入大脑。因语言有同音异义，一音多义，如用晦涩难懂的话，势必影响听的效果。而且听众文化素养有很大差别，应该"就低不就高"。所以对广大听众讲话，更应该明白晓畅，通俗易懂。

　　1940年7月，贺龙同志在晋绥军区的党员训练班讲党课。讲课之前，指导员带人抬来一张旧木桌，一条木板凳，桌子上放了两个粗瓷大碗和一双布鞋。这三样东西，一下子吸引住了学员们，大家不明白他要干什么。贺龙笑眯眯地说："我来讲第一课，党的群众路线，就是党和群众的关系喽！"然后他端一个大碗问学员，里面的小米是做啥用的，大家异口同声回答，是做饭的。又问哪来的，大家回答，是老百姓的。贺老总由此生发开，讲吃小米容易，种小米难；又讲老百姓吃墨石，让部队吃小米；讲军民关系，讲群众路线；又批评了有的同志违反群众纪律的事，讲得大家心服口服。大家明白了搞不好群众关系就会挨饿，打败仗的道理。说着说着，贺龙同志拿起另一个大碗，里面盛满了水，还有一条鱼。贺龙把鱼从碗里捞出来，不一会，鱼不动了。贺龙乘机问，鱼为什么不动了，大家回答是因为鱼离开了水。贺龙总结道，军队和群众，是鱼与水的关系，鱼离不开水，军队离开群众，就不能生存。根据地的存在，人民军队的壮大，都是因为执行了党的路线，得到群众拥护的结果。贺龙的课讲得具有真情实感。它不仅重点突出，层次清楚，而且把一个严肃的课题讲得浅显形象，通俗易懂。如果贺龙没有对人民群众的热爱之情，没有对人民子弟兵的热爱之心，不考虑学员的文化程度、理论水平、接受能力，就不可能讲出这些道理，就不可能对党的群众路线作如此深入浅出的阐述。

社交语言需要用讲话者和听者双方都习惯且共同感兴趣的"大白话"来表达，这样才容易沟通感情，交流思想。若追求华丽新奇，过分雕琢，听者就会认为这是在炫耀文采，从而对你的讲话一只耳朵进，一只耳朵出。所以，使用语言正像鲁迅说的："有真意、去粉饰、少做作、勿卖弄。"否则，话说得再漂亮也不会有什么力量。

日常讲话表达要力求明白晓畅，通俗易懂。那种用"请恕、冒昧"之类的话未免是故作高雅，听众未必喜欢。罗丹说："用铅笔画些花样，用色彩涂些炫耀的焰火，或是用古怪的文字写些光彩的句子，这些空头作家，就是世界上最机巧的人，然而艺术最大的困难和最高的境地，却是要自然地、相互地描绘和写作。"这句话对我们平时说话表达中的语言使用也是适用的。

语言朴素不等于表达贫乏

有人说："朴素就是简单而实在呗。"这话，只说对了一半。朴素的话当然要实实在在的，但朴素绝不等于简单贫乏。

言语真正的朴素美，应如苏东坡所言："发纤浓于简古，寄至味于淡泊。""简古"与"淡泊"即简洁、朴拙、平淡、清纯，不仅仅是朴素美的表现形式，而细腻丰富、蕴藏深厚的内涵，才能使朴素"挺直美的脊梁"。人们常说："墨有五彩"，这讲的正是在功力深厚的丹青笔下，单纯的墨色与丰富的表现力的和谐统一。在一个平庸的画匠手里，单色的墨尽管被涂得深浅不一，但那依然只是单调、平板，根本谈不上"五彩"，更谈不上什么真正的"朴素美"。朴素的魅力首先在于它丰富的内涵。

李瑞环同志讲话一贯以朴实、幽默而著称。听众感到轻松自然，而他自己却为推敲每一次的演讲，不知熬了多少夜，流了多少汗。他对前去采访的记者深有感触地说："看鸭子凫水，上边平静，下边爪子忙得可邪乎呢！"言语的朴素美，实际上是经过许多有形、无形的提炼加工而呈现出的一种"大巧而若拙"的美，是一种让人听来舒畅自然而又韵味深长的美。

言语的朴素美贵在保持个性。话该怎么说就怎么说，或严肃，或幽默，或直率，或委婉，只要出口，皆发自内心，保持本色。

言语的朴素美最忌追慕虚荣和时髦。一般情况下，人们做到"怎样想就怎样说"并不难，而在讲台上，在陌生人面前，在某些特殊环境下，就不容易朴素自然地讲话了。有些人见某种语言、语调时髦，便争相效仿，弄成了邯郸学步；还有的人在某种场合，唯恐别人小看自己，便故意地装腔作势、卖弄博学，反倒增加了别人的反感。追慕虚荣和时髦并不能增进言语交际的效果，应当坚决摒弃。

大部分言语交际的场合，需要我们把话说得自然、通畅，因此，要尽量抛弃那些造作的、文绉绉的词汇，代之以平易新鲜的语言。例如，"久闻大名，如雷贯耳，今朝得见尊容，实乃三生有幸"，这种说法如果不是针对特殊对象、特殊场合，只会让人感到不舒服，甚至有虚伪之感。不如这样说"今天能认识您，我真高兴啊！早就听说起过您，今天终于见到了，真荣幸！"

朴素的言语给人的是淳美，带给交际的是成功。

大道理用大白话来表达

一个经过合格语言训练的人懂得何话说得，何话说不得，同样一个意思，如何说来才会让人会心一笑，意味犹长。在古今中外的语言实践中，语言技巧可谓是英华璀璨，博大精深，在此只能举其荦荦大者，以供读者欣赏，希望从中可使您找到当众讲话的灵感与技巧。

说话的通俗性，是指说出的话不但要生动、巧妙，而且还要明白、易懂，使人乐于接受。语言表达要大众化。它包括两个方面的意义：一是用语通俗，一听就懂；二是意义通俗，深入浅出。违背这两点，不仅会让人觉得不知所云，甚至还会造成各种误解。

毛泽东说话非常注意语言技巧。他说话的鲜明特点是：简明通俗，深入浅出，四两拨千斤，用"大白话"将深奥复杂的道理讲得明白透彻。

1934年底，湘江惨败后红军在贵州黎平召开了紧急干部会议，毛泽东同志应邀参加，当他发言时，就将极为复杂的形势作了通俗形象的分析：

"根据地丢了，反革命打了革命的屁股，把我们的屁股打青、打肿、打得个稀巴烂。人没有屁股，怎么坐得住啊！只好走，从江西走到湖南，还要走，一直走到我们屁股好了为止。到湘西去，固然好，贺龙同志早就搬好凳子等我们去坐了，可是我们屁股没有好，有凳子也坐不稳。况且，据邓发截收的蒋军无线电电报可以判定：蒋介石已经派了25万牛头马面各执生死牌，等着打我们的板子。我们旧伤没有好，又等着挨打，哪个有铁屁股，哪个去挨打好了，我毛泽东是要先找个地方养养伤，等坐得稳了再去找反革命算账，到时候，你看我来打日本鬼子同老蒋的屁股吧！我要打得他在中国坐不住！"

通过这番通俗晓明的讲话，与会者自然做出了与毛泽东观点相同的决定。

多使用群众口头中常用的大众化语言，也可以使表述更为通俗易懂，增加语言的特殊表现力。大众语言来自于人民大众，是人民群众发明创造的。它包括俗语、谚语、歇后语等。在说话中巧妙地运用，能够增强说话的感染力。

俗语是通俗而广泛流行的定型语句，简练形象。恰当地引用俗语，可以增强说话或演讲中的幽默感和说服力。

谚语是劳动人民在长期的生产和生活实践中总结出来的语言，经历了千百年长期传诵，千锤百炼，凝结着劳动人民丰富的思想感情和智慧。谚语具有寓意深长、语言精练、朗朗上口、便于记忆的特点。谚语和俗语一样，也可以为语言增色。

歇后语也是为广大人民群众所喜闻乐见的语言，在群众中广为流传。歇后语一般由前后两截组成，前半截是形象的比喻，像谜面，后半截解说，像谜底。在谈话中恰当运用歇后语，可以增强谈话的趣味性，增加语言的表现力。

例如，为说明某人工作开展缓慢，可说："他呀，大象屁股——推不动。"为了说明自己没有能力办这件事，可说："我是丫鬟带钥匙——当家不做主。"为了说明办了一件出力不讨好的事，可说："我办的这事真是'公公背儿媳'——费力不讨好"等。

以上技巧通常是说，在语言运用上，要擅于运用已有语言文化宝库中的珍贵宝藏，使我们讲话通俗易懂，为大众所接受。

言简意赅，一针见血

古人讲：山不在高，有仙则名；水不在深，有龙则灵。说话也是如此，话不在多，点到就行。在生活节奏紧张快速的现代社会中，没有人愿意花费大量的时间去听你的长篇大论。这就要求你在谈话时要做到言简意赅，一针见血。

乔治是美国加利福尼亚州的大亨，资产逾10亿美元。某年他与商业伙伴戴维从加州飞往中国某大城市，准备投资建厂，寻找合作伙伴。

三天后，乔治坐到了谈判桌前，谈判对象是我国某一大型企业的领导。这位领导精明能干，通晓市场行情，令乔治颇为欣赏。听了这位领导对合资企业的宏伟设想后，乔治感到似乎已看到了合资企业的光辉前景。

正准备签约时，忽听这位领导又颇为自豪地侃侃而谈道："我们企业拥有2000多名职工，去年共创利税700多万元，实力绝对雄厚……"

听到这儿，乔治暗暗地掐指一算：700万元人民币折成美元是90余万，2000多人一年才赚这么点儿钱？而且，这位领导居然还十分自豪和满意。这令乔治非常失望，离自己预定的利润目标差距太大了。如果让这位领导经营的话，是很难有较高的经济效益和利益的。于是决定立即终止合作谈判。

试想一下，假若那位领导不说最后那句沾沾自喜的话，谈判也许会以另一种结局而告终。那位领导最后那些不着边际更是画蛇添足的话，不仅暴露出他自身的弱点，而且令外商失去了合作的信心，最终撤回投资意向，的确是多余之至，应该引以为戒。

在生活中我们经常看到，有的人习惯于喋喋不休、滔滔不绝地高谈阔论，而又词不达意，语无伦次，让人听而生厌；还有的人喜欢夸大其词，侃侃而谈，漫无边际。这样都容易造成画蛇添足的恶果。因此，我们"在开口之前，应先让舌头在嘴里转十个圈"。把多余的废话"转掉"，准备一些简单明了的话，一开口就往点子上说，千万不要东拉西扯，不知所云。

"吹笛要按到眼儿上，敲鼓要敲到点儿上"，话说在点子上对方自然会欣然接受。

精准表达：简洁明快四准则

简洁明快的语言是认识能力和思维能力高超的表现。话语的简洁常常体现出说话人分析问题的快捷与深刻。简洁明快的语言是果敢决断的性格表现。自信心强、办事果敢的人都说话干脆果断，不拖泥带水。现代社会节奏快，时间观念强，说话简洁会给人一种生机勃勃的现代人的感觉，所以，简洁明快的表达话语是时代的要求。

简洁的话语既能不占用听者太多的时间，又能使听者觉得说话者很尊重他，所以，说话简洁、表达明快的人受人欢迎。

以下是说话表达简洁应注意的几点。

1. 尽量简明扼要

说话表达越简明越好，有些人在叙述一件事情时说了很多话，但还是无法把他的意思表达出来，以致听者花了很多时间和精力，仍然不知道他想说明什么东西。如果你有这种毛病，一定要自己矫正。矫正的最好办法是，在说话之前，先在脑子里作一个初步的计划，然后再把计划要说的东西讲出来。

2. 用语不要过多重叠

在汉语里，有时的确要使用叠句来引起别人的注意，或者加强语气。但是，如果滥用叠句，就会显得累赘。

3. 同样的词语不可用得太频繁

我们虽然不必像某些名人那样，每说一事都要创造一个新词汇，但也应该在许可的范围内尽量使表达多样化，不要把一个名词用得太频繁。即使是一个非常新奇的词，如果你在几分钟之内就把它复述了好几次或十几次，那么人们对它的新奇感会丧失，并对它产生一种厌倦感。

4. 要避免口头禅

有些人在交谈中爱说口头禅，诸如"岂有此理""我以为""俨然""绝对的""没问题"一类的话。不管这些话是否与所说的内容有关联，这类的口头禅说多了，都会影响说话的效果，而且容易被别人当作笑柄。因此，这类的口头禅应下决心不说。

语句冗长，表达必词不达意、啰嗦干瘪；思维模糊，表达必语无伦次，枉费口舌。所以，在说话表达时应要求自己长话短说，要"筛选""过滤"出最精辟的、恰如其分的表情达意的词句，尽可能以最简短的语言表达出深刻的内涵。

精彩表达，妙语连珠字字千金

说话不仅要明白晓畅，还要丰富多彩，表达起来才能佳句迭出，精准传神。会说话的人，纵然口若悬河，滔滔不绝，听者也不以为苦；纵然片言只语，一字千金，也能绕梁三日。

　　在知识上多积累，在语言上下功夫，积之愈深，言之愈佳；胸有成竹，欲发则出。能言善语，出口成章，妙语连珠，生活会随之变得更加绚丽多彩。

话语出彩，表达精彩

根据口才的含义和口语表达的构成要素，一个人有口语表达能力应当具备以下几个条件。

1. 掌握灵活多变的表达技巧

即能根据交际意图和目的熟练地运用语言技巧来展开话语、表达思想，同时应具有灵活机智的应变能力，即对应情况而说话。《论语·选进篇》中讲了这样一个故事：子路和冉有都问孔子，"闻斯行诸"的意思是听到的事就马上做吗？孔子在回答子路时说："有父亲、哥哥在，应听听他们的，怎能听到了就做呢？"在回答冉有时又说："听到了就干起来。"这两个截然不同的回答，使在座的公西华大惑不解。孔子解释说："冉有胆量小，平时做事退缩，所以我说一听到了就干起来，是鼓励他，给他壮胆；子路胆量大得超过一般人，勇于作为，所以我说，有父亲、哥哥在，要压一压，使他有所退让。"这件事一向被用做孔子"因材施教"的例证，其实也是说话看对象、针对不同实际情况而选择不同说话内容的范例。

2. 具有明确的对象意识和语境意识

如果不顾场合，不看对象，夸夸其谈，滔滔不绝，这种"能说会道"的行为只会引起反感甚至厌恶，不能称之为有口才。荀子在《劝学》中曾明确指出："未可与言而言谓之傲（急躁），可与言而不言谓之隐，不观气色而言谓之瞽（盲人）。"这说明讲话应随境而发，相机行事。

3. 具有较高的领悟能力和反馈能力

即能准确地接受和理解，又能做出恰当、必要的应付。这是与人交谈很关键的一条。在口语交际时，说话者不仅要表达，而且还要接受，即领悟对方话语或表情动作等体态语所蕴含的意思，同时还要做出有针对性的反馈。1969年9月，基辛格就越战问题与苏联驻美国大使多勃雷宁举行会谈。正当发言时，尼克松总统打来电话，谈了几分钟之后，基辛格对多勃雷宁说："总统刚才在电话里对我说，关于越南问题，'列车刚刚开出车站'，现在正在轨道上行驶。"老练的多勃雷宁试图缓和一下气氛，接过话头说："我希望是架飞机而不是火车，因为飞机中途还能改变航向。"基辛格立即回答说："总统是非常注意措辞的，我相信他说一不二，他说的是火车。"在这段对话中基辛格从坚持自己立场的原则出发，不仅明确地理解多勃雷宁变"火车"为"飞机"的用意，而且采取"借言"的方式维护了自己的观点，显示出机智的外交家风采。

4. 说话内容的深浅要与对方的接受能力相宜

《论语·雍也篇》说："中人以上，可以语上也；中人以下，不可以语上也。"对中等水平的人可以讲说高深的道理，对中等以下水平的人就不可以讲说高深的道理，说话的内容超过或低于对方的接受能力都不会收到好效果。

审慎措辞，句句出彩

措辞，是指人们在说话交流过程中，经过深思熟虑，综合考虑对方的思想、情感、心理特征、个性特点、学历背景、生活习惯等因素的情况之下，精心选用恰当的词语、句子，有效表达自己的意思，并让受众易于理解、接受、相信的一个互动过程。

我们平时说话表达，要注意措辞，这直接关系到你的说话能否达成效果。

比如，想让别人帮忙时，有人会这样说：

"喂，帮一下忙。"

可结果呢？就得看对方当时的心情了。

得到的回答很可能是"我现在没空"，或是"我正在忙呢"。

在这种时候，不妨试试下面的说法：

"劳驾，请帮一下忙，好吗？"

这样一说，一般人会乐意为你效劳的。

人的行为意愿，会受到措辞的影响。同样的意思，措辞不同，表达效果就会不一样，听众的回应结果也截然不同，或赞同，或拒绝。上述例子中，第二种措辞就更容易打动人心，让人接受。

说话表达，深究起来，是一件比做文章、读文章难的事。做文章，可以细细推敲，再三订正；读文章，可以细细体味，详加研究。说话表达就不能这样了，因为一言既出，驷马难追！所以你与人对话，应该特别留神，审慎措辞，用心说好每句话。

你要说的话，最好事前先打腹稿，记住纲要，免得临时遗漏。说话开头，先要定一定神，态度从容，双目注视对方的脸，表示出诚挚的神情，并随时注意他是赞成你的意见，还是不以为意。也要随时调整你的说法，如果发觉他露出不愿意多听的神情，你就该设法收束话题，如果他有疑问，你就该多加解释，如果他乐于接受你的见解，你就该单刀直入，再不要绕圈子，如果发觉他要插口的样子，你就该请他发表意见，他的答话，你要特别留神。

你对人回答，也要准确有力。认为对的，就回答他一声："很好。"认为不对的，回答他："这个问题很难说。"自认为可以办到的就回答他："我去试试，但成功与否不敢肯定。"自认为办不到的就回答他："这件事太困难了，恐怕没多大的希望。"总之，不要说得太肯定。太肯定的回答，最易造成不欢的后果。一切回答，必须留有回旋的余地，万一临时不能决定，你可以回答："待我考虑后，再答复你吧！"或者说："待我与某方面商量后，由某方面答复吧！"前者是接受与不接受各占一半，后者多数是婉言拒绝。如果对方唠叨不止，你不愿意再听下去，也有几个方法可以应付，你可以乱以他语，乘机谈谈别的事情，转移谈话目标，也可以说"好的，今天谈到此处为止"，然后立起身来，说声："对不起，再见！再见！"他自然会中止谈话，离开你那里。

说话有力量，表达有力度

一个人说话缺少力度，意思表达就会含糊不清，言不达意，听者也不知其说的什么意思。只有说话有力量，表达有力度，字字句句都精准地表情达意，才能产生应有的沟通效果。

那么，怎样说话才算有力度呢？

1. 说话要经得住推敲

一个人说话是否有力，要看是否有客观依据，即经得起推敲，只有经得起推敲的话才有充分的说服力。

在林肯当律师的时候，一位叫小阿姆斯特朗的人因涉嫌杀人案而被捕入狱。小阿姆斯特朗不服，提出上诉，林肯找到被告证人福尔逊。福尔逊发誓说在10月18日的晚上，清楚地目击了小阿姆斯特朗用枪击毙了受害者的全过程。对此，林肯要求复审。林肯先问证人福尔逊："你发誓说看清了小阿姆斯特朗？"福尔逊答："我发誓看清了。"

林肯问："你在草堆后，小阿姆斯特朗在大树下，两处相距二三十米，你能看清吗？"

福尔逊答："看得很清楚，因为月光很亮。"

林肯问："你肯定不是从衣着方面看清是他的吗？"

福尔逊答："不是的，我能肯定我看清了他的脸，因为月光照亮了他的脸。"

林肯问："你能肯定时间是在11时吗？"

福尔逊回答："我能肯定，因为我回家时看了钟，那时是11时15分。"

林肯问到这里，便转过身来，语惊四座：我不能不告诉大家，证人福尔逊所说的全是谎言。他一口咬定10月18日晚上11时在月光下看清了被告的脸。我们都知道，10月18日那天是上弦月，晚上11时月亮都已经下山了，哪里还会有什么月光？退一步说，也许他的时间记得不十分清楚，时间稍有提前。但那时，月光是从西往东照，草堆在东，大树在西，如果被告的脸对着草堆，脸上是不可能有月光的。

大家先是一阵沉默，紧接着是掌声、欢呼声一起迸发出来。福尔逊则傻了眼。

林肯借助客观事实推理，充分揭穿了福尔逊的谎言，使一桩冤案得到昭雪。

2. 态度要诚恳

古语讲"至诚足以感人"，要想说出有力的话诚恳是关键，一个人无论说什么都可以，但若是口是心非，所说的话肯定不会有力量。

3. 道歉得当

我国古来有句俗语叫作"谦，美德也，过谦则诈"。我们对别人说话，谦虚是应该有的，因为你的谦虚，会让别人容易接近。可是，你过分地谦虚了，你的谦虚便失去了价值，而且别人也无法相信你。一位演说家，当他登台之后，便对听众说道："诸位，真是很对不起，今天我所讲的题目，并不是我所熟悉的，我对这题目也没有多少的研究，准备不充分，所以今天所讲的可能没有多大价值，讲得不好，请一定见谅。"

一位演讲者对台下听众这样讲，在他自己看来是谦虚，可是别人能否相信他呢？所以，我们要想说话有力，首先谦虚应该得当。

腹有诗书气自华

语言是以生活为内容的，没有生活，话就无从谈起，而生活内容越丰富，谈话内容自然也越精彩。因此，我们要想说出有水平高质量的话，一是要用心观察和体会生活的点滴；二是要积累各种知识，做一个生活上的有心人。

古人说，"腹有诗书气自华"，广博、严谨的知识结构是表达者妙语连珠、左右逢源的坚实底蕴。当一个人在某些方面的经验和知识多于周围其他人时，他就对该方面的话题取得了发言权，并且有充分的自信心。因此，只有具备多方面的知识，我们才能赢得更多的发言权，才能自如地在各种场合准确表达自己的观点。要求一个人什么都懂并不现实，但至少要对自己的专业知识和职业知识有足够的了解，尤其要多掌握一些文化、历史、哲学方面的知识。这样，你就能出口成章，言之有物。

知识丰富会扩大一个人的想象力，而想象力会为思维和语言插上翅膀。要在语言表达中"飞"起来，就必须在生活中通过学习和实践长出这样的翅膀。如果你想拥有出众的口才，就要像酿蜜的蜜蜂那样，终日在生活的百花园里采撷；要像淘金的老汉那样，在沙砾中筛出真金。我国历代的丰富语言宝库，五湖四海的优秀语言财富，鲜明生动的民间语言，精心雕琢的书面语汇，都是我们应挖掘出的"富矿"。

首先，可直接从生活中向人民群众学习语言。生活是语言最丰富的源泉，要使自己的语言丰富起来，就要从生活中汲取，老舍说："在生活中找语言，语言就有了根。学习语言要博采口语。"俄国伟大的批判现实主义作家列夫·托尔斯泰称赞农民是语言的"大家"。语言的"天才"，的确存在于人民群众之中。比如：我们讲话常用程度副词"很"，而"很黑"在人民群众的口语中，却用更精确、更形象、更简练的"漆黑"来表达。学习语言还要多看，即勤于观察、体验，真正熟悉你的对象，掌握它的声调、声色等，而不是生搬硬套。

其次，要多读中外名著。"熟读唐诗三百首，不会吟诗也会吟"的经验之谈，是大家所熟悉的。它告诉人们要提高口才技巧，就应多读名著。"穷书万卷常暗诵"，心领神会，自会产生强烈的兴趣；体味语言的精微之处，就能唤起灵敏的感觉；熟悉名篇佳作的精彩妙笔，可以获得丰富的词汇，演说和讲话时优美的语言会不请自来。

最后，知识贫乏是造成语言贫乏，特别是词汇贫乏的一个重要的原因。生活积累和语言知识，是决定一个人说话水平高低的关键。有本书上说，生活是语言的王国，你要努力使自己成为这个王国里的王者。

积之愈深，言之愈佳

人类知识包罗万象、纷繁复杂，也是讲话表达时侃侃而谈的力量之源。知识在于厚积而薄发，有深厚知识积累的人，讲起话来，也底气十足，成竹在胸。有的人说话之所以很有水平，有气势，究其根本原因，就在于丰厚的知识积累。胸有成竹，欲发则出；积之愈深，言之愈佳。

交谈看起来好像是临场发挥，其实也是平时积累的结果。要想在社交时有话可讲，自由表达，必须注重平时一点一滴的积累。"台上一分钟，台下十年功"说的就是这个道理。

对讲话者来说，知识是多方面的；对不同的人，有不同的知识要求；不同的人，对知识的把握程度也不尽相同。但作为讲话者应当掌握的最基本的知识有以下几方面。

1. 世事知识

世事知识指的是社会生活中方方面面的常识、经验、教训、风土、人情、习俗、掌故等。这种知识是一种客观存在，一般无须潜心去学，只要不脱离社会生活，在实践中都会逐步体会、感悟得到。人们要想丰富自己的语言修养，实现当众讲话的沟通目的，必须具备这类知识。曹雪芹就认为："世事洞明皆学问，人情练达即文章。"一个不谙世事的人，所发言辞要么造成笑话，要么酿成苦酒。

1974年，美国康宁公司将一件制作精巧的蜗牛工艺品赠送给中国政府。当时中国正在搞"批林批孔"，江青臆断这是对中国的侮辱，旨在讥讽中国像蜗牛一样龟缩、爬行。周恩来指示外交部急电中国驻美联络处调查。时任联络处对内参赞，又从小在美国长大的冀朝铸说："不用调查，蜗牛象征有耐心，这是表示祝福的意思。"联络处将冀朝铸这权威性的世事知识报回国内，江青这才悻悻地收敛起发难的嘴脸。这事既说明冀朝铸熟谙世事，也成为江青不懂世事的笑柄。

2. 文化知识

文化是指大文化，是人类在社会历史发展过程中所制造的物质财富和精神财富的总和，诸如天文、地理、历史、文学、艺术、哲学、经济、法律等。这些知识往往以成语、典故、佳作、名言、警句为载体，最能陶冶情操、提高修养、开阔视野，从而使表达者的言辞也更具感染力、说服力、吸引力。这种知识不能从实践中获得，需要孜孜不倦地学习。在人生路上，只要不断积累学习，当众讲话时便会充满活力，如滔滔江水连绵不断。

长期担任毛泽东和周恩来英语翻译的冀朝铸，从小到美国，缺少对中国文化的深刻了解。周恩来对他说："你是当翻译的，中国历史一定要熟悉。要多读历史书籍，才能当好翻译……你常做毛主席的翻译，毛主席最喜欢引用历史典故、古代诗词，如果你不懂历史，不读诗词，就没法做好自己的工作。"

为此，周恩来给冀朝铸开了一张长长的书单要他去读。经过几年锲而不舍的学习，冀朝铸终以博闻强记在外交部闻名，以至于有"老夫子"的雅称。人们每有不解的知识，常说："去问问冀老夫子。"

奇妙比喻，新奇表达

有的时候，专业术语在特定场合确实能起到帮助沟通的作用，但前提是听说双方都对这些术语心领神会。在圈外人面前使用术语，只能说明自己的语言表达能力不足。

当你向对方发表意见时，当然不是为了显露你的口才，目的还是为了让他听懂并乐于接受，所以你一定要使用他能听懂的语言。有时候，你为了图省事，说出一个只有自己明白的词汇，为了让对方听懂，你又不得不花一两分钟对这个词汇进行解释，这样不仅没有达到语言凝练的效果，反而费了口舌。

要使语言简练，又能达到形象生动的效果，不妨用打比方的方式说话。生活中的各种道理，一般人都知道，虽然理解上有偏差，但并不陌生。在表达观点或说明道理时，板着面孔，长篇大论地说教，只会令人生厌。如果借助聪明的比喻，使深奥之理变得简单明了，这样就能触动对方记忆中现有的信息，从而心领神会。

有人问爱因斯坦："什么是相对论？"他说："如果一个年轻漂亮的姑娘坐在你的腿上，你会觉得一小时就像五分钟一样短；如果一个皱纹满面的老太太坐在你的腿上，你会觉得五分钟就像一小时一样长。这就是相对论。"

试想，"相对论"是何等高深的学问，要对一个外行讲清楚可不容易。但爱因斯坦通过一个比喻，却在三分钟之内满足了对方的愿望。

比喻贵在抓住事物的特征。《世说新语》中记载：谢安在一个寒冷的下雪的日子里，把家里的子侄们聚集在一起，同他们谈论做文章的规律。不一会儿，雪下大了。谢安兴致勃勃地说："白雪纷纷何所似（这纷纷扬扬的雪花像什么呢）？"侄儿谢朗回答道："撒盐空中差可拟（在空中撒盐大约可以比拟吧）。"侄女谢道却答道："未若柳絮因风起（不如用柳絮随风飘舞来比喻）。"谢安听了大笑，感到十分愉快。

在这则故事中，谢朗把纷飞的白雪比作空中撒盐，谢道则比作风卷柳絮。两个比喻都符合"像"的要求，但后者显然优于前者。前者仅仅抓住了雪与盐颜色上的相似，后者则不仅顾及了颜色，而且还抓住了柳絮与雪花轻柔飘飞的形态上的相似之处，这就比以盐喻雪高明得多。

运用这种似乎与本体事物风马牛不相及的类比物形成的奇妙比喻，不仅能够使语言显得简练明朗，而且能使听众有新奇的感觉，从而大大提高了语言的表达力。

小技巧让表达"飞"起来

要想提高自己的语言表达力度，除了要练好语言的基本功外，还需要掌握一些基本的口头表达技巧，这有助于你在谈话中更为自如地表达自己的思想，让你的表达"飞"起来。

以下是口头表达的基本技巧。

1. 轻松自然

约翰·莫菲说："我们不要硬是从头脑中榨出一些名言警句。当我们放松下来的时候，很多妙语就会自然而然地产生出来……"甚至在最具刺激性的谈话中，也有50%的内容是没什么意义的。只有经过一段加热过程，思想的车轮才能转动起来。

2. 循循善诱

成为一位出色的交谈家并不在于你有多聪明，或者有多少传奇性的经历，而在于启发、诱导别人讲话。值得一提的是，

"你"在谈话中是一个前进的信号，而"我"则是一个停止的信号。要设法把谈话引向对方的兴趣点，多用"为什么""哪里""怎么样"等。当他说"我在宁夏老家开了个店"时，你千万不要匆忙抢着说："啊，我在西安也有两家店铺。"而应该问："在宁夏的什么地方？"

3. 长于忍耐

在与人交谈中，千万不要期望对方一开始就热情高涨，善言者总是等到对方变得热心以后，才试图从他们那里引导出一些有趣的想法，因此，在谈话中一定要长于忍耐。例如，他们会先问"请问您尊姓大名？您是哪里人？您的丈夫干什么？您准备在这儿待多久？您是乘飞机来我市的吧？"等问题，以激起对方的谈话兴趣。谁关心这些？你也许会这样问。诚然，这些问题似乎没有任何风采和智慧可言，但它们的确能使交谈启动起来。

4. 多说赞同的话

如果他说："我是在农村长大的。"你最好回答："我也是。"或多少讲一点你有关农业方面的知识和经验，这会让他感到很亲切。如果他说："我喜欢吃冰淇淋。"恰好你也有同样的爱好，一定要想办法告诉他。如果他说他出生在东北的一个小镇上，碰巧你过去也喜欢在那里度暑假，那你也一定要告诉他……

5. 适当谈谈自己

当有人要求你讲自己的时候，不要守口如瓶地拒绝。稍微告诉对方一点你的情况，他会感到十分荣幸，因为你是用非常友好的姿态与他交谈的。

6. 尊重对方

交谈双方应相互尊重，即使已经相熟，也不可胡乱开玩笑，逗弄和取笑会触痛别人的自尊，而威胁他人自尊的任何事情都是危险的，即使在玩笑中也是如此。民意测验的结果表明，人们不喜欢被取笑，即使是他们的亲朋密友。只有在非常亲密的朋友之间，才可以开一些充满善意的玩笑，因为他们是不会追究那些无关紧要的小事的。如果别人非常了解你，非常喜欢你，你也可以与他开个玩笑，但千万别开得过了头。

丰富见识，增强表达

要想使自己的话能够打动人、说服人，就要努力提高自己的语言表达能力。你必须使人觉察你是一个有思想观点的人，绝非是个糊涂虫。单单无聊空谈，是绝不能使对方对你有一点良好印象的，更不能显出你说话的水平。

世界著名的谈话艺术专家切司脱·费尔特先生，曾经教人谈话时注意下列一些问题，以让自己的语言表达有力度。他说道：

"你应该时常说话，但不必说得太长。少叙述故事，除了真正贴切而简短之外，总以绝对不讲为妙。"

"和人谈话，同时也要注意到态度。切不要拉住别人的衣袖，手脚乱画地讲话，应当和顺一些，切忌妄自尊大。谈话最好要一般化，勿作自我的宣传，把自己捧上天去。外表应该坦白而率直，内心应该谨慎而仔细。"

"谈话的时候，姿态可以表现你的诚意，所以要正面向着人家，不要随随便便，不要刻意模仿他人。"

"和人家开口赌咒，闭口发毒誓，是既坏又蠢而且粗鄙拙劣的事。高声的哄笑，是文化素养不高的表现。真实的机智和健全的理性，绝不会引人哄笑的。此外，没有再比咬人耳朵、像蚊虫叫似的谈话态度，更叫人难受的了！"

这位谈话艺术专家以上列的各条警戒人的谈话艺术，除开"禁止大家哄笑"这一条外，都是可以有助提高说话表达力度的。因为粗声喧闹固然有失常态，但是出自情感挑动的大笑，是不会妨害到任何人的。

如果具有丰富的一般知识，你可以拿出来随时应付。一个人既然是社会的人，每天在生活当中，须与他人频繁发生接触，所以对于世界上形形色色的人和事，自己应当努力去获得各方面的知识。

怎样可以得到这些知识，以便在你谈话之时有所帮助呢？一个好方法，便是每天阅读报纸。还有一个方法，是随时留意你周围所发生的事，虽然只是极琐碎的事也不要轻易放过它。另外还有个方法便是时常和人谈话。你和别人闲着无事时聊聊天，次数愈多，不单脑子里可以贮藏起许多知识，可当成下次谈话的资料，而且也可以使你对谈话有兴趣，甚至谈话的技术也会更加熟练起来。

读书破万卷，表达如有神

"知识就是力量。"说话表达要有力度、有气势，就要有丰富的学识、阅历，对表述材料要充分熟知。"问渠哪得清如许，为有源头活水来"，像毛泽东、周恩来等许多伟人和名人那样谈吐睿智、幽默，都是以学识渊博和阅历丰富为基础的。

追本穷源，一个口才好、善于表达的人，必须经常在知识积累上下功夫。要不断地扩充自己的兴趣，积累讲话的素材，丰富自己的知识，开阔自己的视野。知识丰富、熟知材料是自信自如表达的基础条件，正所谓"充实，是自信的前提"，而"自信，就是力量的源泉"。

著名剧作家曹禺曾说过，哪一天我们对语言着了魔，那才算是进了大门，以后才有可能登堂入室，成为语言方面的富翁。那么，我们应该怎样来具体学习、锤炼语言，提高自己的表达能力呢？下面介绍几种可行、有效的方法。

1. 多读书，多看报

日常生活中，我们每天都离不开报纸、杂志和书籍。在读书看报时，备一支笔、一些卡片纸和一把剪刀，把所见到的好文章或让自己心动的话语画出来，或剪下来，或摘抄在卡片纸上。每天坚持做，哪怕一天只记一两句，也是很有意义的。日积月累，在谈话表达的时候，你也许就会不经意地用上它们，从而使自己讲话的内容丰富起来。

2. 善于学习

对于谈话的题材和资料，一方面要认真地去吸收，另一方面要好好地去运用。懂得如何运用，可以使一句普通的话发挥出惊人的效果。学习吸收的目的是为了很好地应用，不能应用的吸收毫无意义。

俗话说："熟读唐诗三百首，不会吟诗也会吟。""穷书万卷常暗诵"，吟咏其中，则可心领神会，产生强烈的兴味。摸熟语言的精微之处，则会唤起灵敏的感觉；熟悉名篇佳作的精彩妙笔，则会获得丰富的词汇，自己演说和讲话时，优美的语言亦会不请自来，这并非天方夜谭。只要我们潜心苦读，勤记善想，揣摩寻味，持之以恒，就能尝到醇香厚味，如果反复地用，不断地学，久而久之就可以像郭沫若所说的那样"于无法之中求得法，有法之后求其他"了。

3. 注意搜集并积累警句、谚语

在听别人的演讲或别人的谈话时，随时都可以听到表现人类智慧的警句、谚语。把这些话在心中重复一遍，记在本子上，久而久之，你谈话的题材、资料就越来越多，说话表达也就越来越条理清楚，出口成章。

4. 提高观察问题、思考问题的能力

要提高自己的表达能力，就要不断提高自己观察问题、思考问题时的敏锐性，丰富自己的学识与经验，并增强自己的想象力与敏感性。随着表达能力的提高，你的生活也将丰富多彩，整个人的个性素质和各方面的能力都会提高，从而成为一个善于说话、长于表达的高手。

总之，广博的知识、丰富的阅历可使人在掌握大量材料的基础上当众讲话，听众能从中获取有益的信息，表述者也可从容不迫，挥洒自如，充分占有材料。

精准表达：克服交谈小毛病

只要稍加留意，就会发现许多人在说话中有一些毛病。虽然这些毛病不具有决定意义，但如果不加以注意，就会大大影响我们的谈话和表达效果。

一般人在交谈表达中常常容易出现以下几方面的问题，是需要注意和克服的。

1. 多余的口头禅

有些人喜欢在交谈中使用太多或不必要的口头禅。例如，一些人喜欢在什么地方都加上一句"自然啦"或"当然"一类词句；另一部分人喜欢加太多的"坦白地说""老实说"一类的套语；也有人喜欢老问别人"你明白么？"或"你听清楚了么？"还有人喜欢说"你说是不是？"或"你觉得怎么样？"如此等等。

像这一类的小毛病，可能你自己平时一点儿也不觉得，最好的办法是问一问你的朋友们，请他们替你注意一下，并时刻提醒你。

2. 滥用流行的字句

某些流行的字句，往往会被人不加选择地乱用一番。例如，"纳米"这个词就被滥用了，什么东西前面都牵强地加上"纳米"，"纳米牙刷""纳米字典"……使人莫名其妙。

3. 乱用一些词

有些人不知是因为偷懒，不肯开动脑筋找更恰当的字眼，还是有其他方面的原因，特别喜欢用一个字或词来表达各种各样的意思，不管这个字或词本身是否有那么多的含义。例如，许多人喜欢用"伟大"这个词。在他的言谈中，什么东西都"伟大"起来了。"你真太伟大了""这盆花太伟大了""今天吃了一餐伟大的午饭""这批货物卖了一个伟大的价钱"等，给别人一种华而不实的印象。因此，我们要尽可能地多记一些词汇，使自己的表述尽可能准确而又多样化。

4. 喜欢用夸张的手法

夸张的手法有一种引人注意的效果。不过，我们不能把夸张的手法用得太过分。否则，别人就不会相信你说的话。

在现实生活中，你不可能每次说的都是非常重要的消息；也不可能每次都讲最动人的故事或是最可笑的笑话；你所看的书，不可能每一本都是最精彩的；你所认识的朋友，不可能个个都是最可爱的。不要到处都用最、极、非常、无限等词，如果在你这无数的"最"中，有一个真正的"最"，你怎样表示呢？难道你要这样说：这件事对我来说是最最重要的。如果你真这样说，别人听了也无动于衷，因为他们会认为你是一向喜欢夸大的人。

精妙表达，把话说到对方心窝里

精准表达，不仅在于说话者本人能否准确、流畅地表达自己的思想，而且还在于你所表达的思想、信息，能否为听众所接受并产生共鸣，能否把话说到别人的心窝里，打动人家的心弦。说话表达，不仅要用嘴，更要用心，运用之妙，存乎一心。

用提问来"投石问路"

与人交谈，先提一些"投石"式的问题，在对对方的年龄、职业、性格、兴趣等略有了解后，再进行有目的的深入的交谈，便能谈得更为自如、表达更加准确。就好像"投石问路"一样，如在聚会时见到陌生的邻座，便可先"投石"询问："你和主人是同事还是同学？"无论问话的前半句对，还是后半句对，都可就此展开话题；如果问得都不对，对方回答说是"老乡"，那也找到了可继续谈下去的话题。

提问，是交谈中一种重要的表达方式。如何使对话按照自己计划的进程发展，使对象说出自己想要得到的回答，很重要的一点就是取决于你提问技巧的高低。

要恰当、得体、有效地提问，需要掌握一定的提问技巧。

首先，人有男女老幼之分。该由老人回答的问题，向年轻人提出就不合适；该向男性提出的问题，也不能叫女性来回答。

其次，每个人都有自己独立的性格色彩。有人性格外向、热情直率，对任何问题几乎都能谈笑风生，畅所欲言；有人寡言好思，情绪不外露，但态度比较严肃；也有人讷于言辞、孤僻自卑，对任何问题都敏感，甚至有点神经质。对性格外向的人尽管什么问题都可以提，但必须注意问得明白，不要把问题提得不着边际，否则很容易使谈话"走题"；对寡言好思的人，要开门见山，简洁明了，提问要富有逻辑性，尽量提那种"连锁式"问题，例如"你为什么会这样呢""后来呢"等，这样可以促使他源源不断、步步深入地谈下去；对那种敏感而又讷于言辞的人，要善于引导，不宜开始就提冗长、棘手的问题，通常以他喜欢的话题，由浅入深据实发问，启发他把心里话说出来，但必须注意绝不能向他提令其发窘的问题。

再次，提问必须掌握最佳时机。提问并不像逛大街、去自由市场那样随时都可以进行。有些提问时机掌握得好，发问的效果才佳。两个过去很要好的朋友都刚刚走上工作岗位，一个偶然的机会他们相遇了，互相询问："你们单位怎样？工作还顺利吧，谈恋爱了吗？"显得既亲热自然，又在情理当中。但是，如果一位姑娘经人介绍与一位从未见过面的小伙子相亲，公园门口两人准时赴约了，沉默了一会，姑娘抬起头来问："你谈过恋爱吗？工作轻松吗？工资多少？"其结局就可想而知了。中国人见面打招呼都喜欢问一句"吃了吗？"如果这话用在吃饭时间前后，倒也无妨，但如果下午三点左右在公共汽车上遇到熟人也问这么一句，就难免让人感到有点莫名其妙。

一般来说，当对方很忙或正在处理急事时，不宜提琐碎无聊的问题；当对方正专心欣赏音乐文娱节目或体育比赛时，不宜提与这支音乐或这场文娱节目和体育比赛无关的问题；当对方伤心或失意时，不宜提太复杂、太生硬、会引起对方不愉快的问题。

总之，一把钥匙开一把锁。我们应该注意选择最佳时机，针对不同的对象，采用不同的对策提问，让对方在轻松、自然的气氛中，把思想深处的东西和盘托出。

搭起双方沟通的桥梁

生活中的每个人都渴望友谊，希望拥有更多的朋友。但朋友都是由陌生人发展而来，有相当一部分朋友是萍水相逢时认识的。在风光绮丽的景区、在熙攘喧闹的汽车上或者在小型聚会上，凭一个会心的微笑、几句得体的幽默话、一个礼貌的动作等，都可以与他人相识。关键是得找出交往的契机，主动伸出友谊之手，打开对陌生人关闭着的心灵之门。然而不是所有的人都是善谈的，有的人比较沉默寡言，虽然有交谈的欲望，却不知从何谈起。这就需要你改变态度，率先向对方发出友好信号，激起对方的谈话欲望，达到轻松交流的目的。

假若你的一个话题使对方产生了浓厚的兴趣，那么无论他是一个如何沉默的人，他都会发表一些言论的。因此你在谈话的停滞之中，一定要想法寻找并且不断地激起对方的兴趣，使谈话能够一直持续下去。

当你对做父母的人称赞他们的孩子，甚至表示你对那孩子感兴趣时，那么孩子的父母很快便会成为你的朋友了。给他们一个谈论其孩子的机会，他们就会很自然而又无所顾忌地滔滔不绝了。

与陌生人见面，要善于倾听，主动关心他人，还可以通过慷慨的给予帮助来激发他们的谈话欲望。

初次相见或不太熟悉时，没有谁愿意向有困难的陌生人施舍什么帮助，因为他们怕不清楚对方的底细帮出麻烦来。这种想法固然有一定的道理，但正是这"一定的道理"把自己结识别人的大好机会给赶跑了。善于交际的人是不会这么想的，他们认为与人方便，自己也方便，只有放下顾虑、慷慨解囊，才能赢得别人的感激与好感——这恰是一座沟通感情的桥梁。

对于那些腼腆的人，交谈者应主动寻找话题，消除对方的紧张感。

表达之道，重在交流。要达到深入交流、精准表达的效果，就要在掌握交谈艺术的同时激发对方的谈话欲望，只有这样才能彼此加深了解，为双方的深入交谈打开方便之门。

摸清对方底牌再表达

人与人之间沟通，懂得如何说话、说些什么话、怎么把话说到对方心坎里，这些都是表达时需要注意的很重要的地方。

嘴上功夫看似雕虫小技，却有可能因此扭转你的一生。

西汉初年，汉高祖刘邦打败项羽，平定天下之后，开始论功行赏。这可是攸关后代子孙的万年基业，群臣们自然当仁不让，彼此争功，吵了一年多还没吵完。

汉高祖刘邦认为萧何功劳最大，就封萧何为侯，封地也最多。但群臣心中却不服，私底下议论纷纷。

封爵授禄的事情好不容易尘埃落定，众臣对席位的高低先后又群起争议，许多人都说："平阳侯曹参身受七十次伤，而且率兵攻城掠地，屡战屡胜，功劳最多，应当排他第一。"

刘邦在封赏时已经偏袒萧何，委屈了一些功臣，所以在席位上难以再坚持己见，但在他心中，还是想将萧何排在首位。

这时候，关内侯鄂君已揣测出刘邦的心意，于是就顺水推舟，自告奋勇地上前说道："大家的评议都错了！曹参虽然有战功，但都只是一时之功。皇上与楚霸王对抗五年，时常丢掉部队，四处逃避，萧何却常常从关中派员填补战线上的漏洞。楚、汉在荥阳对抗好几年，军中缺粮，也都是萧何辗转运送粮食到关中，粮饷才不至于匮乏。再说，皇上有好几次避走山东，都是靠萧何保全关中，才能顺利接济皇上的，这些才是万世之功。如今即使少了一百个曹参，对汉朝有什么影响？我们汉朝也不必靠他来保全啊！你们又凭什么认为一时之功高过万世之功呢？所以，我主张萧何第一，曹参居次。"

这番话正中刘邦的下怀，刘邦听了，自然高兴无比，连连称好，于是下令萧何排在首位，可以带剑上殿，上朝时也不必急行。

而鄂君因此也被加封为"安平侯"，得到的封地多了将近一倍。他凭着自己察言观色的本领，能言善道，舌灿莲花，享尽了一生荣华富贵。

说话，要懂得什么时候说什么话，什么时机说什么话。要能够善于揣摩人意，洞悉别人的内心所想，针对别人的内心想法说出相应的话，这样才能说到别人的心坎上，使自己的表达精准到位。

以话题作为交谈的切入点

交谈中要学会没话找话的本领。所谓"找话"就是"找话题"，找交谈的切入点，找表达的发挥点。

写文章，如果有了一个好题目，我们往往会文思泉涌，一挥而就。同样，双方交谈，有了一个好的话题就能使谈话融洽自如。好话题，是初步交谈的媒介，深入细谈的基础，纵情畅谈的开端。好话题的标准是：至少双方对话题都比较熟悉，能谈；大家感兴趣，爱谈；有展开探讨的余地，好谈。

那么，怎样去挖掘一个方便表达、增进谈话进程的好话题呢？

1. 找准兴奋中心

当跟众多的人在一起谈话时，要选择众人都感兴趣的事件为话题，激发起大家交谈的欲望。因为这类话题是大家想谈、爱谈又能谈的。人人都有话，都能发表自己的观点和看法，自然能使话题进行下去，以至引起许多人的议论和发言，进而产生共鸣。

2. 就地取材

巧妙地借用彼时、彼地、彼人的某些材料为题，借此引发交谈。有人善于借助对方的姓名、籍贯、年龄、服饰、居室等，即兴引出话题，常常能取得好的效果。"即兴引入"法的优点是灵活自然，就地取材，但关键是要思维敏捷，能迅速做出由此及彼的联想。

4. 循趣入题

试探出对方的兴趣，由兴趣起始，能顺利引发出话题。如对方喜欢看电影，便以此为话题，谈电影的优劣，讨论故事的情节等。如果你也喜欢看电影，那你们就找到了共同的兴趣，可顺利进入话题。

一般情况下，谈话要选择一些容易引起对方兴趣的话题，这样有利于创造一个轻松活跃的谈话氛围，使交谈得以深入，友谊得以发展。一般而言，以下几种话题，容易引起大家的谈话兴趣：

（1）与谈话者自身利益密切相关的话题；

（2）与谈话者兴趣、角色相关的话题；

（3）具有权威性的话题；

（4）新奇的话题；

（5）某些特殊的话题；

（6）社会和他人禁锢、保密、敏感的话题。

但在具体选择这些话题时，要考虑谈话对象。一个话题，只有让对方感兴趣，谈话才有维持和继续的可能。比如，自己是球迷，就切莫以为别人都是球迷。逢人就谈球赛，遇到对球不感兴趣的人也大谈特谈，让对方感到索然无味。

关怀和帮助是人人都需要的，因此关心对方也是个永远受欢迎的话题。有一位女记者，在鸡尾酒会上与伊丽莎白女王进行了简短的交谈。记者问女王昨天是不是在风雨中视察过铁矿。女王听后非常吃惊。原来女王的外衣被什么东西染上了红褐色，经女记者的提醒，女王才发现。女记者从关心女王的外衣开始，自然引起了女王的好感，使这次交谈也获得了成功。

引发话题的方法很多，诸如"借事生题法""即景出题法""由情入题法"等可巧妙地从某事、某景、某种情感引发出一番议论。引发话题，类似"抽线头""插路标"的做法，重点在引，目的在导，使对方有话可说，诱发对方谈话的兴趣。

多侃点"闲谈"资料

平时除了你最关心、最感兴趣的问题之外，还要多储备一些和别人"闲谈"的资料。这些资料往往轻松、有趣，容易引起别人的注意，提高你的表达效果。

1. 家庭问题

关于每个家庭里需要知道的各方面的知识，例如儿童教育、购物经验、夫妇相处、家庭布置、亲友之间的交际应酬……这一切，也会使多数人产生兴趣，特别是对于家庭主妇们。

2. 运动与娱乐

夏天谈游泳，冬天谈溜冰，其他如足球、羽毛球、篮球、乒乓球，都能引起人们普遍的兴趣。娱乐方面像盆栽、集邮、钓鱼、听唱片、看戏，什么地方可以吃到美味的食品，怎样安排假期的节目……这些都是一般人饶有兴趣的话题。特别是有世界著名的音乐家前来表演的时候，或是有特别卖座的好戏、好影片上演的时候，这些更是热闹的闲谈资料。

3. 健康与医药

谈谈新发明的药品，介绍著名的医生，对流行病的医疗护理，自己或亲友养病的经验；怎样可以延年益寿，怎样可以增加体重，怎样可以减肥……这一类的话题，不但能吸引人的注意，而且实在对人有很大的好处。特别是遇到对方本人或家人健康有问题的时候，假如你能向他提供有价值的意见，那他更是会对你非常感激的。事实上，有哪一个人、哪一个家庭没有这方面的问题呢？

4. 无伤大雅的玩笑

例如，买东西上当、语言上的误会、办事摆了个乌龙等等，这一类的事情，多数人都爱听。如果把别人闹的笑话拿来讲，固然也可以得到同样的效果，但对于那个闹笑话的人，就未免有点不敬。讲自己闹过的笑话，开自己的玩笑，除去能够博人一笑之外，还会使人觉得你很随和，很容易相处。

5. 惊险故事

特别是自己或朋友亲身经历的惊险故事，最能引起别人的注意。人们的生活往往不是一帆风顺的，每天大家照常吃饭，照常睡觉，可是突然大祸临头了，或是被迫到一个很远的地方，路上可能遭遇到很多危险……怎样应付这些不平常的局面，怎样机智地或是幸运地在刻不容缓的时候死里逃生，都是一个永远不会被人漠视的题材。

6. 政治和宗教

这两方面的问题最容易引起人们谈话的兴趣，倘若你遇到的人在政治上和你见解颇为接近，或是具有共同的宗教信仰，那么这方面的话题，就变成最生动、最热烈、最引人入胜的了。

7. 社会新闻

假使你有一些特有的新闻或特殊的意见和看法，就足可以把一批听众吸引在你的周围。

8. 笑话

当然，人人都喜欢笑话，假如你构思了大量各式各样的笑话，而又富有说笑话经验的话，那么你恐怕是最受人欢迎的人了。

9. 特长

每个人都有自己的特长或者是兴趣和爱好，而每个人都对自己的特长有一定程度的关心。只要我们在与人交往中用心去观察，就很容易发现对方的长处，在与之闲谈时投其所好，让对方因此很快对你这个人感兴趣，从而轻轻推开交谈的大门。

消除戒意，乘隙而入

当你想去说服一个人时，对方免不了怀有戒意，对方的戒意太大就会给你的表达造成阻碍，不把它除去你就很难打动对方的心，达到沟通效果。所以，要说服对方，应该先去除其"戒意"。

碰到对方对你有戒意时，应如何消除呢？下面是应对的秘诀：

1. 积极地表示你很"关心他"

一旦发现对方有戒意就得马上采取消除戒意的行动。戒意一除，才有进入问题核心的可能。做到这个地步，说服就等于成功了一半。

积极地向对方表示"我很关心你"，十分重要。论辩时的说服术，就要讲究这一点。为了表示你很关心他，你必须先聆听对方的话，做个"倾听能手"，借此造成亲近感。

2. 进入对方的意识里

一开始就想使对方落败，只会增强对方的抗拒心，无异自造障碍，是愚蠢之至的做法。边微笑，边点头，借这些小动作，表示自己对他怀有好感，对方就觉得，这种事何必跟他争论得那么认真？这一招，效果之好，超出想象。

如果认真倾听而对方仍无动于衷，遇到这种局面，你可以自动地以对方的携带物、穿着之类的东西做话题。手表、领带、领带夹、袖扣、西装、皮鞋、眼镜……可说是一个人嗜好和个性的象征，这些东西受到注目，他岂能不开口，跟你聊谈数句？

拿对方漫不经心的动作做话题，亦无不可。譬如，看他不断以手指敲桌子，就问："你会弹钢琴？"写字的时候，翘起小指，你就说："瞧你，写字的时候小指这样翘起来，真有意思。"对方不经意的动作给这么一说，气氛就会缓和，这有助于消除对方的戒意。

3. 寻找双方的共同点

（1）把自己的某些小秘密泄露出来。

（2）谈论中屡次把对方的姓名夹进去。

（3）故意使用对方爱听的言辞。

（4）问对方的籍贯、居住地。

（5）拿对方认识的第三者做话题。

（6）如果觉得使用人称代名词有损对方的感情，就换用抽象名词。

4. 顺着对方的心理趋向进行论辩

（1）从细小的事说起。杰出的推销员，最精于此道。譬如，推销某种东西时，就说："不买也不要紧，请拿在手里试试它的感觉吧。"先避谈买不买，只求对方拿在手里试试感觉（这是比购买行为更小的行为）。如果推销的是香水就说："怎么样？闻一闻它芬芳的香味吧。"这样由小而大，一步紧跟一步地进击，这种过程，不会让对方觉得有任何心理压力。

（2）先说结论，有时候也很有效果。将你打算说服的是什么，及早而明确地指出。这一招，在生怕拖长时间的时候使出来，就足以使对方戒意尽除。这个方法的用意，是为了不使对方在心理上产生抗拒，进而促其造成"同意的心理态势"。

这种大胆无比的方法叫作"苏格拉底问答法"。这位古希腊时代的哲学家，最擅长此道，他的每一句问话，都使对方非答"是"不可，由于不断回答"是"，对方的心理就如球之顺坡而下，被导入肯定的方向。

投其所好，说中心坎

说话表达，是一个传递信息的过程。提高自己的语言表达能力，把话说好，不仅关系到说话者本人能否准确、流畅地表达自己的思想，而且还在于你所表达的思想、信息，能否为听众所接受并产生共鸣。

把话说好，一个重要的准则在于能否把话说到别人的心窝里，打动人家的心弦。

某市文化单位要建一座影剧院。一天，公司经理正在办公，家具公司李经理上门推销座椅。一进门便说："哇！好气派。我很少见过这么漂亮的办公室，如果我也有一间这样的办公室，我这一生的心愿就满足了。"李经理就这样开始了他的谈话。然后他又摸了摸办公椅扶手说："这不是香山红木吗？难得一见的上等木料。

"是吗？"王经理的自豪感油然而生。并说："我这整个办公室是请深圳装潢厂家装修的。"又亲自带着李经理参观了整个办公室，介绍了计算比例、装修材料、色彩调配，兴致勃勃，满足之盛，溢于言表。

如此，李经理自然可拿到王经理签字的订购合同。同时，互相都得到了一种满足。

李经理没有直接赞赏王经理有品位、有见地，而只是说起了王经理办公室的豪华气派，令对方倍感自豪，兴致大发，于是拉近了与陌生人之间的感情。

"投其所好"，原意是为达到某种目的而迎合对方的爱好，即通过满足对方心理需求这一手段达到彼此相通的目的。

事实证明，与人交谈，多说些他喜好的话题，很容易使人产生理解和共鸣，继而就会带来谅解和愉快的合作；反之，则会产生排斥和拒绝。要使对方从消极到积极、从拒绝到合作，就需要积极进行引导、启发。

站在对方的角度表达

有家电视台，每周设有一档关于人生问题讲座的节目，据说收视率要比其他同时段的节目高出许多。收视率之所以高，当然有许多原因，但其中或许有人们都喜爱观看他人遭遇不幸的残酷心理。不过，最主要的还是因为节目中巧妙的对话，使人百看不厌。

大多数有疑难问题而上电视请教的观众朋友，在开始时，多会对解答者所作的各种忠告提出反对意见或辩解，并且显得十分不情愿接受对方所言。但久而久之，不觉对解答者所说的每一句话都会频频点头称是。见了这些画面，真是比起在电影院中观赏一部电影的感受还要深。

凡电视台的主持人或解答者，无不是精挑细选才产生出来的，所以光是听听他们的说服方式也获益不少。

对于不易说服的人，最好的办法就是要使对方认为你与他是站在同一立场的。通常出现在探讨有关人生问题的电视节目的观众朋友，离婚女子占多数。此时，负责解答疑难者说的一句话是："如果我是你的话，我会原谅他的，而且绝不与他分手。"

千万别认为话中的"如果我是你"只是一句简短的单纯的话，殊不知它能发挥的效力是不可估量的。这也就是由于人人都认为"自己最可爱"的心理所致。

如果你在说服别人的过程中，无意中使用了一些不太得当的言辞，但由于你巧妙地运用这句"如果我是你"，不仅弥补了你言辞上的过失，还能促使对方作自我反省，使对方终于感觉到唯有你的忠言，才是对他自己最有利的。

卡耐基曾租用某家大礼堂讲课。有一天，他突然接到通知，租金要提高3倍。卡耐基前去与经理交涉。他说："我接到通知，有点震惊，不过这不怪你。如果我是你，我也会这么做。因为你是旅馆的经理，你的职责是使旅馆尽可能盈利。"

紧接着，卡耐基为他算了一笔账，将礼堂用于办舞会、晚会，当然会获大利。"但你撵走了我，也等于撵走了成千上万有文化的中层管理人员，而他们光顾贵旅社，是你花5000元也买不到的活广告。那么，哪样更有利呢？"经理被他说服了。

卡耐基之所以成功地说服了经理，在于当他说"如果我是你，我也会这么做"时，他已经完全站到了经理的角度。接着，他站在经理的角度上算了一笔账，抓住了经理的兴奋点——盈利，使经理心甘情愿地把天平砝码加到卡耐基这边。

汽车大王福特说过一句话：假如有什么成功秘诀的话，就是设身处地替别人着想，了解别人的态度和观点。因为这样不但能使你得到与对方的沟通和被对方理解，而且可以更为清楚地了解对方的思想轨迹及其内心的想法，从而让自己的说话表达有的放矢，精准到位。

把话说到对方心窝里

如果你不能设身处地站在别人的角度，找到别人的兴奋点、热点，说话表达很可能会让别人觉得不着边际，引人反感。因此，要想使自己表达的语言能够为人接受，为人喜欢，就要多为别人着想，满足别人的自尊心理。

深圳电车模范售票员王苹，不但有全心全意为乘客服务的热情，而且还有暖人肺腑的语言。口才，使她说的话深深打动了乘客的心弦，使她在平凡的工作岗位上创造了不平凡的业绩。她是怎样工作的呢？

有一天，车上的乘客很多，而这时又上来了一位抱小孩的妇女。王苹同往常一样对乘客们说："哪位同志给这位抱小孩的女同志让个座儿。"但她连讲两次，无人响应。王苹没有着急，缓缓地站了起来，用期待的眼光看了看靠窗口的几位小伙子，提高了嗓音："抱小孩的那位女同志，请您往里走，靠窗坐的几位小伙子都想给您让座儿，可就是没有看见您。"话音刚落，"呼啦"一声，几位小伙子都不约而同地站了起来让座。这位女同志坐下以后，光顾喘气定神，忘记对让座的小伙子道谢，小伙子面露不悦的神色。王苹看在眼里，心中明白，她忙中偷闲，逗着小孩子说："小朋友，叔叔给你让了座儿，你还不谢谢叔叔。"一语提醒那位妇女，连忙拍着孩子说："快谢谢叔叔，快谢谢叔叔。"那小伙子听到"谢谢叔叔"时，连声说："不客气。"王苹的几句话为什么产生这么大的魔力？因为她了解人们的自尊心，只有充分理解人们的自尊心，才能把话说到人家的心窝里。

美国著名的哲学家詹姆斯曾经说过："人类天性的至深本质就是渴求为人所重视。"从某种意义来说，人类正是凭着寻求自尊的激情，才造就了古往今来的千千万万的丰功伟绩，从古老的长城，到现代的宇宙飞船。

同样，我们与人说话，要想收到"心有灵犀一点通"的效果，就要理解人们的合理需求，爱护人们的自尊心。要做到这一点，我们在谈话的时候就要经常注意转换角度，即善于站到对方的立场上，从对方的观点来观察问题，如同用你的观点一样。

揣摩心思，拨动心弦

了解听者的心理，是掌握说话表达技巧的基础。只有在了解对方心理的基础上，才能正确地选择在某个场合该讲什么，不该讲什么，哪些话能够打动听众的心坎，能使听众产生共鸣，真正使谈话达到水乳交融的境地。

人的心理捉摸不定、较难把握，但是，在有些场合，人内心的东西又常通过各种方式而外露。善于观察听者的一举一动，并能据此加以分析和推测，那么，基本上就可以掌握听众的心理和情感。譬如，在讲话时，如果听者发出唏声，说明听众不喜欢那些话；如果听者两眼注视，说明说话的内容非常吸引人；如果听者左顾右盼，思想不集中，说明他心里可能很着急，但又出于尊敬而不愿离开……当然，有许多人善于抑制自己的感情，不让它外露，即使这样，也难免会露出蛛丝马迹。

　　战国时，魏文侯和一班士大夫在闲谈。文侯问他们："你们看我是怎样的一位国君？"许多人都答道："您是仁厚的国君。"可一位叫翟黄的人却回答说："你不是仁厚的国君。"文侯追问："何以见得？"翟黄有根有据地答道："你攻下了中山之后，不拿来分封给兄弟，却封给了自己的长子，显然出于自私的目的，所以我说你并不仁厚。"一席话说得文侯恼羞成怒，立刻令翟黄滚出去，翟黄若无其事地昂然离去。文侯仍不甘心，他又接着问任痤："我究竟是怎样的一个国君？"任痤答道："您的确是位仁厚之君。"文侯更加疑惑了。任痤说："我听说过，凡是一位仁厚的国君，其臣子一定刚直，敢说真话，刚才翟黄的一番话说得很直，而不是阿谀奉承之词，因此，我知道他的君主是位宽厚的人。"文侯听了，觉得言之有理，连声说："不错，不错。"立即让人把翟黄请了回来，而且拜他为上卿。

　　在这则故事中，我们不但能看出任痤的人品高尚，救助同事；而且能看出他机巧聪明，善于抓住魏文侯愿意被人尊为仁厚之君的这种心理，从同一事件中巧妙地引出了有利的结论，化解了文侯和翟黄之间的矛盾。

　　与人交谈沟通，要善于观察对方的心理。如果有机会到陌生朋友家里去做客，就要用自己的眼睛去细心观察对方的有关情况，加强对对方的了解。比如，我们从对方家庭的日常生活用品及布置设计中，就可以判断出对方的经济状况、生活情趣、艺术修养格调等；从对方的言谈举止、音容笑貌及衣着表情，就可以窥探出对方的性格、品德以及为人处世与待人接物方面怎样；从对方家中案头放的书籍、墙上挂的艺术作品，就可以了解到对方的个人爱好、学习兴趣、审美情趣等。有了以上这些了解，我们容易轻松自如地与对方进行交谈、表达思想。

察言观色，寻找交谈共同点

心理学表明，如果能够找到和对方交谈的共同点，就可以突破对方的心理防线，打破双方交谈的障碍，为沟通和表达做好铺垫。

1. 善于观察，寻找共同点

一个人的心理状态、精神追求、生活爱好等，都或多或少地在他们的表情、服饰、谈吐、举止等方面有所表现，只要你善于观察，就会发现你们的共同点。比如乘坐火车时，你可以巧妙地接近对方："你是哪个学校毕业的？"对方回答："××学校。""噢，算来咱俩还应算是校友呢。"于是，交谈的窘境就轻而易举地消除了。当然，察言观色还要同自己的情趣爱好相结合，自己对此也有兴趣，打破沉寂的气氛才有可能。否则，即使发现了共同点，也还会无话可讲，或讲一两句就"卡壳"。

2. 以话试探，侦察共同点

可以打招呼开场，询问对方籍贯、身份，从中获取信息；可以通过听说话口音、言辞，观察对方情况；可以动作开场，边帮对方做某些急需帮助的事，边以话语试探，甚至借火吸烟，也可以打开交际沉寂的局面。比如乘车时，你可以问对方："在什么地方下车？""南京，你呢？""我也是。你到南京什么地方？""我到南京山西路一亲戚家有事，你就是此地人吧？""不是的，我是从南京来走亲戚的。"经过双方的"火力侦察"，双方对县城熟悉、对南京了解、都是走亲戚的共同点就清楚了。这种融洽的效果看上去是偶然的，实际上也是有其必然原因的："火力侦察"，发现共同点，打破了陌生感。

3. 揣摩谈话，探索共同点

为了寻找对方同自己的共同点，可以在需要交际的人同别人谈话时留心分析、揣摩，也可以在对方和自己交谈时揣摩对方的话语，从中发现共同点。

4. 步步深入，挖掘共同点

随着交谈内容的深入，共同点会越来越多。为了使交谈更有益于对方，必须一步步地挖掘深层的共同点，才能如愿以偿。

在对方敞开心胸和我们说话后，如果你要想得到他们的支持，那么你应该接下来思考这样一个问题：怎么能够让他认同我？问题的答案很简单：恰到好处地适应陌生人的情感需求。你只有打通了陌生人的情感需求通道，才能让他彻底放下戒心，才会从心底里认同你。

首先，关心他最亲近的人。任何人总是关心着自己最亲近的人，如果一旦发现了别人也在关心着自己所关心的人，大都会产生一种无比亲近的感觉。交际就可以利用人们这种共同的心理倾向，从关心他最亲近的人切入，拉近交际的距离。

其次，在他心中建起"同胞"意识。如果能在交际之初迅速建立起"同胞"意识，就可以使对方放松对自己的警戒之心，而把自己接受为"自己人"。

再次，为他人助上一臂之力。热情相助最能博得人的好感。在日常生活中，那些具有古道热肠、为人厚道、不吝啬、好助人的人总能在邻里之间、同事之间获得好名声。因为人们一般都乐意与这些热心肠的人相识相交。比如你帮正在上楼的邻居抬一把煤气罐，你就可以成为他家中的常客；替一个刚刚上车的旅客摆放好行李，你的旅途就多一个伙伴；为忙碌的同事沏一杯茶，你就会得到善意的回报。

最后，用温情暖化他人心中的坚冰。人们一般都认为，双方矛盾爆发之后的一段时间，是交际的冰点。但若此时你能主动做出一个与对方预期截然相反的善意举动，就会使对方在惊愕、感叹、佩服、敬意之中认同你，愿意与你交谈。交际的冰点就成了成功交际的切入点。

精准表达：巧言妙语动人心

每个正常的普通人都会说话，但做一个优秀的交谈者，就需要掌握一定表达技巧。

首先，保持轻松的心情来交谈。

人只有在轻松自然的状态下，才能流畅而真诚地交谈。刻意地用别人的名言、警句来装饰自己的话语，只会让谈话变得生硬和干涩；当你不紧张的时候，你会发现自己也可以妙语连珠。

第二，丰富你的交谈内容。

每个人在谈话之初都可能只谈些既缺乏机智又毫无意义的事情。其实，这种短暂的交谈对于"使轮子转动起来"是必要的。一旦你不再担心自己是呆板的，你会发现，在许多情况下，你说的就是机智而有趣的事情。

第三，诱导别人说话。

一个出色的交谈者并不是从始至终总是说个不停，而是能保持谈话顺利进行，让对方产生向你倾诉的愿望，这不需要你的经历有多么丰富，或者口才多好，能启发别人眉飞色舞地讲下去，才算是把交谈升华成为艺术。

第四，交谈时要善于把握对方的心理，使话题向对方期望的方向进行。

如果能明了对方的所思所想，要把话说到对方的心坎上，对方必定会乐于与你交谈；否则，对方会对你说的话无动于衷，甚至感到倦怠。

最后，尽量避免以自我为中心。

经常提到自己的事情，这是普通人通常的谈话表现，因为人们总是对和自己有关的事情感兴趣，但这并不是最好的谈话方式，它会让对方感觉到自己被忽视了，从而对说话的人也产生抵触心理，这时对方就很难再有兴致与交谈者继续谈下去了。

缜密表达，逻辑严谨无懈可击

精准的表达应当做到言之有序，说话有条有理，不模棱两可，不颠三倒四，按照一定的逻辑把事情、道理说清楚，前后一致，首尾一贯。摆事实，讲道理，说理严密，合乎逻辑。表达自能天衣无缝，无懈可击。

都是含糊其辞惹的祸

　　说话含糊其辞，表达模棱两可，容易给人造成误会，或者别人会以为你在给他某种暗示，从而对你提出一些无礼的要求。这个时候我们就要及时澄清事实，声明自己的立场，让事情朝好的方向发展下去。

　　与人交谈时应该注意，答话时千万别含糊不清，否则很容易产生误会，万一你无法自圆其说，必定陷入窘境，任何说话技巧都无济于事。所以，说话要把握主旨和逻辑，要说得精准严密，以免言谈有所闪失，授人以柄，甚至作茧自缚。这是避免错误、摆脱窘境的根本方法。

　　假如朋友或同事在公开场合责备你，而情况与事实又有出入，这肯定使你难堪。这时，你该怎么办呢？你可以心平气和地直言："我们是否私下谈谈？我想请你调查清楚了再说话。不然，我以后很难和你相处。"

　　倘若亲友无缘无故责备你，你也应该明确地跟他说："你让我十分难堪，请你告诉我这是为什么？我哪里得罪你了？"当然，假使是你自己做错了事，哪怕是无意的，也要诚恳道歉。明辨事理、直言不讳，这才是摆脱窘境的最佳方法。

适当地运用语句，是先从心中的酝酿开始的。当然，除了思想观点正确、思维严密有序外，首先要正确理解语句的含义。但是，有时你本身使用的语句是正确的，也可能造成误解。这是因为，其一是你可能出现"口误"，由于环境的干扰、精力的分散，会造成这样想那样说的情况。其二是倾听的一方由于理解上出了问题，没能正确领会你的含义，因而出现语言误会。

当出现上述情况时，请不要在咬文嚼字上兜圈子，说者和听者都要抱着宽容的态度，重新再交流一次，遇到重要问题，听者还应把说者的话重复一遍，以检验是否有错误的理解。

环环相扣，表达无懈可击

万事万物之间都有一环扣一环的复杂的条件联系。在交谈场合，特别是在论辩场合中，利用这种连环的条件联系，深入地揭示事物之间的必然内在联系，将前后论辩过程密切地串联在一起，使自己的论辩言辞具有严密的逻辑性与雄辩的说服力。擅长运用连锁紧扣方法，能极大地表现一个人的语言表达才智。

有一次，一个英国记者对周恩来说："一个国家向外扩张是由于人口过多。"

周恩来马上反驳道："我不赞同这种看法，英国的人口在第一次大战前是4500万，不算太多。但是，英国在一个很长的时期内曾经是'日不落'的殖民帝国。美国的面积略小于中国，而美国的人口还不及中国的1/3，但是美国的军事基地遍布全球，美国的海外驻军150万。中国人口虽多，但是没有一兵一卒驻在外国的领土上，更没有在外国建立军事基地。可见一个国家是否向外扩张，并不决定于它的人口多少，而决定于它的社会制度。"

面对周恩来的驳论，那位英国记者只好放弃自己的观点。

连锁紧扣有两种表现形式：一是连锁分离式，即以一系列的环环相扣的条件命题为前提，通过肯定第一个条件命题的条件而得出肯定后一个条件命题结论的论辩形式；二是连锁拒取式，即以一系列的环环相扣的条件命题为前提，通过否定后一个条件命题结论而得出否定第一个条件命题的论辩方式。

汉朝时，黄霸为颍川郡的郡守，他刚到任，就有两个妇女为争夺一个小男孩吵着到官府告状来了。黄霸派人抱了那个孩子放在坪院中间，对两个妇女说："你们抢吧，谁抢着这个孩子，他就归谁。"

那两个妇女都没命地扑向孩子，一个抱着孩子的腰，一个抱着孩子的腿，果真抢了起来。孩子哪受得了这番折腾呢？于是就哇哇大哭起来。孩子一哭，一个妇女就松了手，也跟着哭了起来。

黄霸指着夺到孩子的妇女说："这孩子不是你的，你怎么赖人家的孩子？"她却分辩说："你明明说谁抢到了孩子，孩子就是谁的，我抢到了孩子，怎么又说不是我的呢？"

黄霸厉声喝道："如果这孩子真是你的，你是孩子的母亲，你就会心疼孩子；如果你心疼孩子，你就会怕孩子受伤；如果你怕孩子受伤，你就不会咬牙切齿地抢孩子而不撒手。现在你死命地抢抱孩子，可见这孩子不是你的！"

黄霸在与这一妇女的论辩中，使用了连锁拒取式，通过否定最后一个条件命题的结论"你死命地抢抱孩子"，得出否定第一个条件命题的结论："这孩子不是你的。"黄霸的论辩有着不容置疑的说服力。我们在说服他人的过程中，要懂得借鉴和运用这种方法。

没有调查就没有发言权

遇到不如意的事情就勃然大怒，只不过是宣泄自己的不满情绪，绝不会帮助自己解决问题，或是走出困境。

某企业的一个市场调查科长，因为提供了错误的市场信息而造成了企业的重大损失。犯了这样严重的错误，毫无疑问，企业总经理可以不问理由地对他进行斥责，甚至撤职。但是，这位怒上心头的总经理，还是忍了忍，他想先了解一下：到底是这位科长本身不称职而听信了错误信息呢，还是由于不可预料的原因导致的？

　　于是，这位经理压下了心中的怒火，心平气和地把科长叫来，叫他把为什么判断失误的原因写一个报告交上来。事情就这样拖了一段时间，几个月之后，这家公司因为这位市场调查科长提供的信息极为准确而饱赚了一笔。

　　总经理又叫人把那个科长请来，说："你上次的报告我看了，你们的工作做得不太细致，有一定责任，但主要是不可预测的意外原因造成的，因此公司决定免除对你的处罚，你也就不要把它再放在心上，以后吸取教训就行了。这一次，你做得不错，为公司提供了重要信息，我们仍然要表扬你。"说完，总经理从办公桌里拿出一个红包递给他，这个科长接过来时，不禁眼眶泛红。

　　千万不能随便发脾气，在指责别人之前，一定要把情况了解清楚：这个错误是不是他犯的，是由于主观原因，还是客观原因，等等。如果你一看到出了问题，就不管三七二十一对对方痛加指责，他真错了，也许就默认了；但如果不是他的错，肯定会对你满肚子意见，虽然口头上不说，心里一定怨恨："你怎么连情况都不问清楚，就随便指责人呢？真差劲！"

　　要牢记一句话："没有调查就没有发言权。"遇到问题时，别忙着发怒和批评人，先了解情况。这样主动权就掌握在你的手里，你想在什么时候、采取什么方式对他进行批评，完全由你决定。

　　凡事先调查清楚再作结论，说服也是如此。没有人会凭空去说服谁，也不会不分青红皂白地与人争论、辩解，凡是有说服他人能力的一方，必定是做好了调查和了解的准备的。只有事先了解对方，才能够知道选择什么样的说服方法。

用理由敲开说服的大门

多年以前，拿破仑·希尔曾应邀向俄亥俄州立监狱的服刑人发表演说。他一站上讲台，立刻看到眼前的听众之中有一位是他在十年前就已认识的朋友——D先生，D先生此前是一位成功的商人。

拿破仑演讲完毕后，和D先生见了面，谈了谈，发现他因为伪造文书而被判20年徒刑。听完他的故事之后，拿破仑说："我要在60天之内，使你离开这里。"

D先生脸上露出苦笑，回答说："希尔，我很佩服你的精神，但对你的判断力却深感怀疑。你可知道，至少已有20位具有影响力的人士曾经运用他们所知的各种方法，想使我获得释放。但一直没有成功。这是办不到的事。"

大概就是因为他最后的那句话——"这是办不到的事"——向拿破仑提出了挑战，他决定向D先生证明，这是可以办得到的。拿破仑回到纽约市，请求他的妻子收拾好行李，准备在哥伦布市（俄亥俄州立监狱所在地）停留一段时间。

拿破仑的脑海中有一个"明确的目标"，这个目标就是要把D先生弄出俄亥俄州立监狱。他从来不曾怀疑能否使D先生获释。他和妻子来到哥伦布市，买了一处高级住宅，像要永久性住下去一样。

第二天，拿破仑前去拜访俄亥俄州州长，向他表明了此行的目的。拿破仑是这样说的："州长先生，我这次是来请求你下令把D先生从俄亥俄州立监狱中释放出来。我有充分的理由，请求你释放他。

"我希望你立刻给他自由，为此我准备留在这儿，等待他获得释放，不管要等待多久。

"在服刑的期间，D先生已经在俄亥俄州立监狱中推出一套函授课程，你当然也知道这件事。他已经影响了俄亥俄州立监狱2518名囚犯中的1728人，促使他们都参加了这个函授课程。他还设法请求获得足够的教科书及课程资料，使得这些囚犯能够跟得上功课。难得的是，他这样做并未花费州政府的一分钱。监狱的典狱长及管理员告诉我，他一直很小心地遵守监狱的规定。一个能够影响1700多名囚犯努力学习的人，绝对不会是个坏家伙。

"我来此请求你释放D先生，我希望你能指派他担任一所监狱学校的校长，这将使得美国其余监狱的16万名囚犯获得向善学习的良好机会。

"我准备担负起他出狱后的全部责任。这就是我的要求，但是，在您给我回答之前，我希望您知道，我并不是不明白，如果您将他释放，而您又决定竞选连任的话，这可能会使您失去很多选票。"

俄亥俄州州长维克·杜纳海先生紧握住拳头，宽广的下巴显示出坚定的毅力。他说："如果这就是你对D先生的请求，我将把他释放，即使这样做会使我损失5000张选票，也在所不惜……"

这项说服工作就此轻易完成了，而整个过程费时竟然不超过5分钟。三天以后，州长签署了赦免状，D先生走出监狱的大铁门，他再度恢复了自由之身。

拿破仑之所以能够成功地说服州长，和他的周密考虑和精心安排是分不开的。拿破仑事前了解到，D先生在狱中行为良好，对1728名囚犯提供了良好的服务。当他创办了世界上第一所监狱函授学校时，也为自己打造了一把打开监狱大门的钥匙。那么其他请求保释D先生的人，为何无法获得成功呢？主要是因为他们不是告诉州长D先生的父母是著名的大人物，就是说他是大学毕业生，而且也不是什么坏人……他们未能提供充分的动机，使州长觉得自己有充分的理由去签署赦免状。

拿破仑在见州长之前，先把所有的事实研究了一遍，并想象如果自己是州长本人，什么样的说辞才最能打动他。拿破仑是以全美国各监狱内的16万名男女囚犯的名义，请求释放D先生的，因为这些囚犯可以享受到D先生所创办的函授学校的利益。他绝口不提D先生有声名显赫的父母，也不提自己以前和D先生的友谊，更不提D先生是值得我们帮助的人所有这些可被用来作为请求保释他的理由，因为和下面这个更大、更有意义的理由比较起来，其他理由显得没有太大的意义。这个更大、更有意义的理由就是，他的获释将对另外的16万名囚犯有很大的帮助，将使这些囚犯享受到他所创办的这个函授学校的好处。因此，拿破仑靠着这个最大最关键的理由获得了成功。

理由是说服人的关键，也是根本，因此，我们在说服别人的过程中最具有说服力的方法，就是强调一个最大最关键的理由。

事实胜于雄辩阔论

别人犯了错误，由于直接牵涉到个人利益的得失，因此会找出一些客观原因为自己辩解，此时如果直接反驳对方，很可能会伤害对方的面子，刺激起他的逆反心理。因此，你最好控制住自己的情绪，心平气和地回到事件本身上去，寻找对方错误所在的确凿依据，用事实说话，让他自己去决定是继续狡辩还是承认错误，这样对方在面子上就好过多了。

某中学中午开饭时，一个学生端着一饭盒刚买到手的菜来找司务长反映：菜没有炒熟。司务长经过鉴定，证实了学生的话，于是就和这位学生带着那盒没熟的菜去找炒菜的刘师傅。

刘师傅没等司务长把话说完就来了火气："煤不好，火头上不来，炒的菜又多，就是神仙来也没得办法！"

作为司务长明明知道学校烧的煤是没有问题的，平常这位师傅炒的菜也是没有问题的，这次完全是因为他的责任心不强造成的。但他没有急于接着他的话反驳他，而是问站在一旁的炒菜的王师傅："你今天炒菜烧的什么煤？"

王师傅回答："院子里的那堆煤。"

司务长问道："噢，那你今天炒了多少菜啊？"

王师傅回答："和刘师傅炒的一样多。"

司务长告诉王师傅："嗯，把你炒的菜打点儿给我看看。"

司务长尝了后又交给那个学生尝，都说熟了。

这时司务长才转过头来问刘师傅："你看，到底是因为煤不行，还是炒的菜太多啊？要不要让我再用相同的煤和相同的菜试验一遍呀？"

在这样雄辩的事实面前，刘师傅开头的那种神气已经没有了，连忙答应把那些没卖完的不熟的菜端去重炒。后来，连司务长宣布按规定扣他的奖金，他都没吭一声。

在这里，面对刘师傅推卸责任的自我辩解，司务长并没有直接把自己内心的想法说出来驳斥对方，而是从另一位炒菜师傅那里寻找证明刘师傅错误的事实依据，然后心平气和地把这些事实摆在刘师傅面前，这样，刘师傅自然无话可说，并自觉地改正错误、接受处罚了。

俗话说："事实胜于雄辩。"当对方对你的辩论提出质疑或不服时，不妨列举一两个事实作为例证，用事实说话，对方自然理屈词穷。

实物表达，无声胜有声

最容易引人注意，加深对方的印象，并使人不会忘记的，莫过于将实物展现在人的面前。无论我们是在提议或是在劝告，让事实说话总是能打动他人最简单的办法。

米切尔本是每周领10美元薪水的办事员，后来却成了美国最大的一家银行的董事长。

当他还是一家证券公司的主任时，常常有证券销售人员跑到他的办公室，抱怨没有人买证券。每当发生这种事时，他从来不争辩，只是说："把你的帽子戴上，我们一起出去吃点什么。"

于是，他就借机会领着抱怨的人登上一座高耸的建筑，站在窗口往下看。

米切尔说："仔细地看下去，那里有600万居民，他们的总收入有几十个亿。他们正等着有人到那里去告诉他们如何才能最好地利用他们的积蓄，好好看看吧。"

用这种方法，销售人员几乎无一例外地重新打起了精神。

米切尔的成功说服在于，他不只是用语言来鼓励那些意志消沉的销售人员，而是把事物都摆在他们面前，让他们用自己的耳朵听，用眼睛看，去分析事实的真相。

"建筑之王"希尔也曾用这一招成就了自己非凡的事业：当年，希尔在承包已经破产的圣保罗城至太平洋沿岸的铁路公司时，急需大银行家斯蒂芬的支持。

由于要将修筑的铁路延伸到广袤偏僻的草原上，斯蒂芬觉得，这样荒凉的地方根本就没有办法运营铁路，他一点兴趣也没有。希尔费劲了唇舌，他也始终不肯答应提供银行的贷款。

直到有一天，希尔将斯蒂芬拉上了一辆通往西部的火车，在终点站停下时，斯蒂芬改变了想法。

原来，火车终点站的四周聚集了很多人，由于火车行到这里就结束了，各种运输车辆把小路挤得满满的。

看到这么多的人，斯蒂芬兴奋起来，他可以想象出一幅到这里大移民的情景了。突然，他变得非常友好，而且主动提出要与希尔合作了。

我们注意到，当一种观念进入人心很长时间，外人是很难用话语将它改变的。这时，要想改变一个人对一件事的偏见，就要找到与他观念相悖的事实，自然而然地引入这个事实，并在时机成熟时阐释它，发挥它，使之真正成为你的有力证据。

某集团总裁钱先生约见新技术总监方女士时，了解到她的顾虑：方女士刚从国外回来，因为自己没有背景，又是年轻女性，担心受到歧视。为了打消方女士的顾虑，钱先生请了三个人作陪，一位是经理张小姐，一位是宣传部庄女士，另一位是自己太太的侄女。为什么请这三个人呢？因为她们都是从国外留学回来的。钱先生先介绍三位陪客，然后讲了公司的制度，讲男女员工的平等地位，女员工不会受到歧视。如果没有三位女士在场，以事实作证，方女士未必会相信钱先生，未必会去除偏见，打消顾虑。

总之，要想赢得他人的注意，获得他人的信任，最简单的方法就是把实物摆在他人面前。对于普通人来说，眼见为实最能让人信服。在说服的过程中尽量提供一些实物，聪明人常用这种方法。

晓之以理，动之以情

一次，当一个旅游团风尘仆仆地赶到事先预定的旅馆时，却被告知套房的浴室没有热水供应。领队找来旅馆经理说："对不起，这么晚还把您从家里请来。但大家满身是汗，不洗洗澡怎么行呢？何况我们预定时说好供应热水的呀！这事只有请您来解决了。"

经理说："这事我也没有办法。锅炉工回家去了，他忘了放水，我已叫他们开了集体浴室，你们可以去洗。"

"我们的确可以到集体浴室去洗澡，不过，套房一人50元一晚是有单独浴室的，现在到集体浴室洗澡，那就等于降低到统铺水平，我们只能照统铺标准，按一人15元付费。"

"那可不行！"

"那就请你给我们的套房浴室供应热水。"

在领队的据理力争之下，自知理亏的经理只好叫来锅炉工，为他们供应了热水。

有时候，双方的矛盾处在僵化阶段，双方在心理上对对方已树起了一道严密、对立的屏障，直言劝解不仅不能达到解决矛盾的目的，反而容易激起当事人的逆反心理，使矛盾更加激化。这时，你最好结合双方过去的友谊、情感和亲密的状况，以回忆往事的方法唤起对方对往日情谊的感怀，从而感化对方，使他们在惭愧、不安与反思中化解矛盾。

有两位同胞兄弟因遗产问题发生了纠纷，他们便把外地的大姐请回来做裁判，以求得财产的合理分配。大姐到达的当晚，亲自下厨为两位弟弟做饭。在饭桌上她见兄弟两个互不理睬，便叹了口气说："哎，如今经济条件好了，办一桌饭也不费力了。想你们小时候连鸡蛋也吃不上呢！有次见别人家的孩子吃鸡蛋，你俩就吵着也要吃。我没法子，就煮了一个洋山芋骗你们说是洋鸡蛋。你俩高兴得直拍手，一个说，弟弟你先来一口；一个说，哥哥你先来一口……"说着说着，大姐眼圈红了。两位弟弟的心弦被触动了，都不好意思起来，接下来再进行遗产分配自然就容易了。

大姐是聪明的，她明白就事论事可能会使两人觉得不公平，于是便用回忆往事的方法，对其进行"润物无声"的感化，勾起了兄弟间的亲情，两人自然不会再在财产上斤斤计较了。

以理服人，以情感人，是处理争论和说服他人最有效的沟通方式。没有人愿意胡搅蛮缠、无理取闹，讲道理的过程再配合情感攻心术，便可以征服不易被说服的心。

数字表达，事半功倍

数字可能是最简单，也可能是最深奥的。数字拥有最非凡的说服能力，不容忽视，它能给人一种真实、具体的感觉，让对方在脑海里形成清晰的图像，特别是使用对比性数字的时候，这个效果会比单纯地罗列数字更为明显。

在你的交流、沟通、演讲以及说服过程中，如果你能巧妙地运用数字，将取得事半功倍的效果。

1922年，来自纽约的一位女国会议员贝拉·伯朱格进行了一次演讲，呼吁在政治生活中给予妇女以平等的地位。

她说："几个星期前，我在国会倾听总统向全国发表讲话。在我周围落座的有700多人。我听到总统说：'这里云集了美国政府的全体成员和内阁成员。'我环视四周，在700多名政府要员中，只有12员是女性；在435名众议员中只有11人是女性；内阁人员中没有女性；最高法院中也没有女性。"

她列举的这些具有鲜明对比的数据说明了她的观点。无论你是否赞成她的观点，在这些确凿的数字面前，你都不得不承认在这个国家的政治生活中确实存在着严重的性别歧视问题。

这就是数字的力量。它意味着铁一般的事实，比任何苦口婆心的劝说更有说服力。

这些具体化了的危害结果，比任何笼统的说辞更能激起你对这件事情的关注吧！因此，无论在哪种说服场合下，都要恰当地穿插一些数据。

下面是某一个重点高中的招生启事，我们看看它是否具有说服力。

本校是省立重点中学，师资力量雄厚，校风严谨、务实，校园环境幽雅，是您理想的选择。今年计划招生200人，要求……

当看到这则招生简章的时候，你去注意那些什么重点、务实之类的东西吗？你当时或者随便把它丢在一边，或者只是简单浏览一下具体要求是什么，但无论你是怎么做的，都不会激发你想进该校的强烈愿望吧。

那么再看下面的这则招生简章：

本校高中毕业班今年考上重点大学458人（其中升入清华大学52人、北京大学97人），考上专科学校321人，升学率达到92%……本校有资深教师278人，其中152人获得全国优秀教师称号；本校拥有全国最先进的教学实验室和多媒体教学设备……进入本校就等于一只脚迈进了清华北大的校门。你做好准备了吗？

看到这则招生简章的时候，你还会无动于衷吗？你是否在想：或许，3年后，我就是这52人中的一员，即使不是那么顺利的话，我至少也会是97人中的一员吧。

显然，第二份招生简章更具有说服力。这就是数字的说服力量。

具体的数字最有说服力，愈是明确的数字资料，愈能给人信任感，愈能增强表达力和说服力。

谨慎周密，把话说得天衣无缝

说话表达在人际交往中并非小事。有的人说话缺少推敲、漏洞百出，让人一问其中的问题便会哑口无言，如果被对方抓住了语言破绽，更是尴尬万分。所以，语言不严谨，表达不周密，就会给人一种不诚实、胡编乱造或者敷衍的印象。

"道德"说起来是一个让人难以亲近的概念，僵硬而刻板，但在现实生活中我们又不可避免地和道德发生着各种各样的关系。工作要讲职业道德，公共场合要讲公共道德，商业生活有商业道德。总之，各式各样的道德规范着我们的日常生活。人与人的语言交流——表达也有自己的道德原则。

首先，与人交谈要诚恳、信实，不虚美。

唐代的古文运动，主张要根除前朝文风中的浮华矫饰，提倡作文要言之有物，有真情实感。这虽然是千年以前的老夫子讲怎么写作，但作为对于讲话的要求仍是适合的。

西方人有句格言，"诚实是最好的策略"。诚实常常比欺骗能给一个人带来更大的好处，尤其从长远和总体利益来看是这样。只有平时说话做事诚实，绝不撒谎骗人，这个人才可能得到别人的尊重，在社会中获得立足之地。

说话诚实不仅仅是说讲话的内容要真实，要不撒谎骗人，而且语气也要诚恳，才能够打动别人，收到事半功倍的效果，是所谓"以诚动人"。

其次，与人交谈要记得言多必失，应当审慎。

有个笑话就能说明这个道理。警察在一条新开辟的隧道里迎来了第一千辆通过的汽车，代表市政当局赠送给驾驶人一千元的幸运奖金和一枚纪念章，顺便问道："你拿了钱打算怎么使用？""首先，我要领取一份驾驶执照。"驾车人回答。他太太忙解释说："警官，我丈夫喝了酒，总是胡言乱语。"他那耳聋的妈妈补充说："你看，我早知道，你偷了汽车，逃不了多远的！"故事虽然极端了些，道理却是颠扑不破的。

其三，要言行合一重承诺。

这是我们国家的优良传统，只有言行合一才会取得别人的信任。

最后，合情入理能服人。

讲话注重逻辑，不搞偏门，才能获得别人的理解。

一个口才出众的人说出的话也一定是严谨周密的，符合思维逻辑，叫人听不出错误和漏洞。把话说得滴水不漏，是交际和表达的一大基本功。

🎤 精准表达：增强说服五技巧

日本学者多湖辉在《论表现》中提示了增强说服力的5个技巧，有助于我们更为缜密严谨地表达观点，说服他人。

1. 使用肯定语气表达无把握之事

或许你不止一次地把口袋里的钱送到街头占卜师的口袋

里，一脸满足的诚意。这些金口铁嘴之类的先生常常用各种模棱两可的言辞来解释人们的命运，但他在每段的尾句都表达极肯定的意思。他们永远都不会说"你也许会这样"，因为这样只会使他的钞票一天天减少。他们总是断言"一定会这样"。正是利用了这种肯定形式尾句的心理暗示效果，才使得他们财源广进。

这种暗示效果也是催眠术中常用的诱导技巧。催眠时，用肯定的尾句向接受催眠者讲话，如"手抬起来！""一定要把手抬上来！""手触头，不能拿开！"等。如对方像个听话的孩子按你的明确指令进行，效果将不会令你失望。你若说类似"你愿意，把手抬上来吧！"这样暧昧语言，将与失败结下不解之缘。

在松下电器公司飞速发展时期，总经理松下幸之助曾定出一个令人咋舌的营业额，一些人认为这种做法缺乏深思熟虑，而结果却是如期完成。其中奥妙在于他讲话的方法，他常常强调"营业额一定要增长××%"。在筹借资金时，他也以强硬的态度充满自信地说道："一定要给松下公司投资××××美元。"这些坚定自信的语句赢得了斤斤计较的银行家们的好感，而使松下公司大获成功。

2. 强调自己的见解

许多人在演讲时常常运用过多的名人名言，或是引用大量报纸杂志材料，企图增强自己的说服力，但给人的感觉是：陈词滥调，有损听觉。而运用"我是这样看的""我认为"等语句发表一些独到见解，会让人耳目一新，使人们不得不承认他是一个有头脑的人。

3. "三"是个能增强说服力的数字

"三"这个数字有着奇特的心理感应，因为它有说服力！说服中用"一"显得过于仓促，用"二"又不够显示自己还有容忍之心，只有数字"三"才使人感到稳妥。说服中尽量使用"三"这个数字，诸如"关于那个问题，可以有三种解释""问题有三个"等，人们对这些语言的评价是：思路清晰，容易理解，易于接受。

4. 使用带尾数的数据能提高你的可信度

如果合乎情理的话，在演说中经常引用一些你记住的带尾数的数据，会使对方觉得你精于某专业而产生强烈的信赖感。

这种"尾数效果"往往能发挥意想不到的作用。某市银行的总经理在他任分行经理时，曾经历过这样一件事：属下前来商量融通资金的问题，说是某制药公司老板希望借款91万元。这位分行经理对制药公司老板不借100万元的整数感到不解。制药公司老板回答说："91万元正好够用，不需要多借。"听了老板的说明，分行经理觉得他把尾数都核算出来的经营态度值得信任，当即批准借款申请。

5. 不要用连珠炮一般的语势

情绪激动的演讲者常常把打动人心的希望寄托在连珠炮一般的语势上，他们如一串点燃的鞭炮疯狂地响个不停，这种热烈的场面或许会激动人心，但他们所说的内容不会给听众留下什么深刻的印象。

　　相反，放弃这种徒劳无功的演说方式，采用一种平易近人的语势来说相对较少但精彩动人的话，往往会被看作"有智慧""亲切"而备受欢迎。发表自己的见解时，嘴巴只是发出声音的机器而已，有时并不需要冗长的述说。如果一味追求说话的速度，演说就会成为"扬声器评比会"。

　　一般来说，流畅而平静的语言更能打动人心。

重点表达，一语中的句句靠谱

东拉西扯、不懂节制是最恶劣的语言习惯之一。那些说话漫无边际、废话连篇的人，其实只是在自言自语，因为听众早就像《爱丽丝梦游仙境》中的那只小猫一样灵魂出窍了。

"不要让你栽种的植物被丛丛杂草所隐没。"无论是和一位朋友交谈，还是在数千人的场合演讲，如果说有什么应该用红色标出来的要点，那就是：说话扼要切题，表达抓住重点。

颠三倒四是表达的大忌

　　说话表达是我们交流感情、传递信息的重要沟通方式。在学校与老师、同学交流，在家中与父母兄弟闲谈，向熟悉的人倾诉心声，向陌生的人介绍自己，遇上麻烦寻求帮助，碰上高兴的事想和朋友分享……这一切的一切都需要说话。那么，我们怎样才能使自己的表述清楚，让别人　听就能明白自己所要表达的意思呢？其实抓住中心是表达的关键。

　　下面是张春同学放学回家后向他的哥哥说的一段话：

　　哥哥，今天我们班里发生了一件令人痛心的事情。明天我们班和二班举行篮球赛，王明不能上场，我们班的实力就会受到影响。我的同桌赵杰是我们班的班长，学习可棒了，每次考试都是全班第一名。他还是我们班篮球队的队长，是组织前半场进攻的主力。运动会上，他又是全校的短跑冠军，百米决赛像飞一样，我怎么也跑不过他。今天第三节体育课时，老师进行百米测试，六个人一组，每组跑两次，选一次最快的成绩作为考试成绩。我和赵杰分在一组，第一次赛跑，赵杰比我快0.3秒，第二次他又跑在最前面，可是在最后冲刺时，他摔了一跤，脚扭伤了，肿得老高，结果我跑了第一。本来有把握赢球，现在看来胜负难分，大家都很担心。

读了这段文字，你能明白张春要告诉他哥哥什么事吗？很明显，他说的话没有中心，本来要说班里一件痛心的事，还没说完，又开始介绍赵杰，中间又穿插进运动会，接下来又回到了篮球赛上。整段话语，没有明确的中心，又缺乏条理，让听者一头雾水。

说话要有中心，就是指说话要有目的、有方向，要有意识地说话，先讲什么，再讲什么，应达到能让听者明白清楚理解的目的，要使说话的中心突出、条理清楚，所说的每一句话都要紧紧围绕所说话语的中心，说话前也要理清所说话的思路和线索，不要颠三倒四，指东说西，无关紧要的枝节都要去掉。

其实，做到说话表达有中心，也并不是什么非常困难的事。记住下面的顺口溜，有助于你将话表达得中心突出、条理清晰：

未曾开口主意定，删枝去叶主干明。按时、按序、按主次，中心突出条理清。

摒弃漫无边际的谈话陋习

没有中心的漫无边际的交谈是一种不太容易克服的语言习

惯。也许大多数人都对此有些同感。

那些担任企业行政主管职位的人几乎都认为：在商业场合中，最让人头痛的就是说话没有条理、没有重心。

不知道有多少人的时光都因此被销蚀一空——浪费在那些信口开河、多余无聊的话题中去了。有一位工程顾问，他的任务是劝说制造商降低生产成本。他发现，有时只用两滴胶水就可以粘好的东西，人们往往要用五滴以至更多的胶水。这种浪费不仅将导致工厂的生产费用增加，而且还需要工人们花费更多的时间把多余的胶水擦掉。

很多人谈话往往漫无边际，一个字就可以说明白的话偏偏要用上一大堆话。特别是那些儿女已经长大成人，空闲时间越来越多的女人，她们说话时不惜在种种细枝末节上花费大量的口舌，投入无数的光阴，而这些话只有理发师或者美甲师才会去听——也许是因为付给他们的报酬就包括这么一项吧。

"振强，"张太太说，"我记得你上次打电话是在礼拜二的中午11点，因为就在接你的电话前，胡太太来向我借过面粉。我记得清楚极了，她当时穿了一件粉红色的、缀着蓝色纽扣的衣服，脚上穿着一双平跟咖啡色皮鞋……"

希望这位张太太的言谈不会让你联想到自己。如果你说话的目的是要告诉别人一件事，那就直截了当地说出来，不必扯得太远。

漫无边际的谈话，可能是思路混乱的表现，也可能是想委婉曲折地达到目的的手段。不过，对更多人来说，那只不过是一种习惯，纠正这种习惯其实比一个烟鬼戒掉多年的烟瘾要容易得多。

如果你发现自己就有信口开河的习惯，不妨想象你是在花高价打国际长途电话。试一试这种方法，或许会有神奇的效果！

明确因何沟通、因何表达

每一种谈话，无论怎样琐碎，总要保持中心点，这也是所谓谈话目的，其目的就是能够促进你和对方的关系。

一次成功的表达要有双方的互动才能实现，并取得良好的效果。如果只顾自己喋喋不休，而不顾别人是否爱听，自然惹人讨厌；而漫无边际地说话，或者毫无目的地找人说一些无关痛痒的话，也不会受人欢迎。除了一些随意的聊天外，一般与人说话，或者找人倾诉，都是有目标的，也就是带着某种目的来沟通。

比如，夫妻之间吵架，想要达到和解的目的，有必要沟通；销售人员要将东西卖给顾客，要达到这个目的，就要千方百计地寻找与顾客沟通的方法；老师要达到教导学生的目的，而言传身教，谆谆教诲，就要与学生做好沟通的工作；领导要传达下属某个旨意，要与下属沟通；同样，下属要找领导汇报情况，请示工作意见，也会与领导进行沟通。

没有明确的目标，表达也就没有目的，也就称不上真正的表达。

与人交谈是为了享受对话的乐趣，谋求彼此心灵的交流，同时完成交谈的目的。

因此，交谈的重点在于要有一个共同的话题，而不应该像一个杂学博士那样逢人就想说教。在交谈的时候，有些人总是显得不耐烦，使交谈没有活跃的气氛。这种情况多半是因为话题没有回应的话所造成的。再者，自己若是对这次的交谈不感兴趣，自然也会出现这种情况。

在社交活动中，没有人喜欢在别人面前只谈自己，也没有人愿意奉陪夸夸其谈却无半点意义的说话者，说话只讲自己喜欢的话题而对别人毫无关系，这对倾听者来说也是难以忍受的。只有围绕目的来表达，而对方又能善解人意地帮助自己完成了目的，才是沟通的双赢。

带着目的来沟通

没有明确目标的沟通，就如同没有目的地做事一样，说了什么话、办了什么事，连自己都不清楚，稀里糊涂，对别人的感受也无从知晓。甚至可能会觉得，话也说了，该说的不该说的，对方也听见了，就算是沟通了一次，然而，这种态度对对方来讲并没有起作用，带来的是更多的反感。

反之，带着目的的沟通，更能体现沟通的重要性，有利于人际关系的和谐。

著名科学家法拉第进入英国皇家学院工作，介绍人是戴维爵士，他们之间进行了一次有趣的谈话：

戴维："很抱歉，我们的谈话随时可能被打断。不过你还算幸运，此时此刻仪器没有爆炸。法拉第先生，信和笔记本我都看了。你在信中好像没有说明在哪里上的大学。"

法拉第："我没有上过大学，先生。"

戴维："噢？但你做的笔记说明你显然是理解这一切的，那又怎样解释呢？"

法拉第："我尽可能去学习一切知识，我还在自己房间里建立了小实验室。"

戴维："年轻人，我很感动。不过，可能因为没到实验室中干过，所以才愿意到这儿来。科学太艰苦，要付出极大的劳动，而只有微薄的报酬。"

法拉第："但是，只要能做好这件工作，本身就是一种报酬啊。"

戴维："哈哈，你在看我眼边的伤疤，这是我在实验中引起的一次爆炸留下的。我想，你装订的那些书籍总不曾将你炸痛，让你出血或把你打昏吧？"

法拉第："是的，不曾有过，但每当我翻开装订的科学书籍，它的目录常常使我目瞪口呆，神魂颠倒。"

这段对话重点突出，详略得当，饶有趣味。戴维爵士所强调的是从事科学研究不是一件轻松的事，需要付出艰苦的劳动，甚至要付出伤残或牺牲的代价，而法拉第所表示的是对知识强烈渴望，对科学的执着追求。谈话结果，戴维破例让法拉第当了自己的助手。后来，有人要戴维填表列举自己对科学的贡献，他在表的最后写道："最大的贡献——从一句话中发现了法拉第。"假如当初一个强调学历，另一个贪图金钱，那肯定是另一番情形了。

所以，表达不是信口开河，想说什么就说什么；表达也不是天南地北无所不聊，万事通也要看在什么人面前表现。说话东拉西扯，不着边际，让人不知所云，如堕雾中，听了半天不知要表达什么意思，这样的表达只能是失败的。

真正的表达是有明确目标的，要为了实现某种目的来表达，或解决矛盾，或寻求意见，或请求帮助，或答疑解惑，或谈判合作。没有无目的的表达，表达必然要取得某个结果，才算达到了目的。

围绕中心来表达

说话如果词不达意，抓不住重点，表达自然也就效果甚微，难以达到说服沟通的目的。说话表达要出效果，就要有中心、有条理。

春秋时期，晋国和秦国联合包围了郑国的都城，郑国危在旦夕。烛之武受郑文公的委派，见了秦穆公，说："秦、晋两国联军围攻郑国都城，郑国人已经知道自己死定了。如果灭掉郑国能够对您有好处，您劳师动众还值得。但是，隔着晋国的大片疆土来把远方的郑国作为贵国的边疆，您懂得这是不大好办的。何必灭掉郑国来便宜您的邻邦？邻邦的版图扩张，就是贵国的实力削弱啊。如果能够保留下郑国，作为您东方通道上的接待站，这对您并没有害处。再说，那个晋国，哪里会有满足的时候，等它在东方向郑国开拓了疆土，就会再向西方去搞扩张。如果不去损害贵国，它又好向哪里去夺取土地！像这样损害贵国来养肥晋国的做法，您要多多考虑啊！"秦穆公听了打心底同意，就跟郑国订了和约，晋国看到这种情况，也就撤兵回国了。

烛之武这一番话，使郑国免了亡国之祸。从这番话里，我们可以得到一个启发：说话要有中心。烛之武撇开郑国的存亡不谈，紧紧围绕灭郑对秦国的利弊来谈，这就突出了问题的关键，使秦穆公透过错综复杂的关系，认识到灭郑只能加强晋国、削弱秦国，从而接受了烛之武的观点。试想，如果烛之武在谈话中旁枝四出，说了许多与秦国的利益无关的话，就把谈话的中心淹没了，当然不可能取得很好的效果。

说话要有条理，表达要有中心，先说什么，后说什么，要有一个合理的顺序。烛之武这番话，一开头就表明自己是为秦国的利益来做说客的，这样就消除了对方的戒心。接着从地理位置分析灭郑对秦有害，存郑对秦有益。最后指明晋国才是秦国的潜在敌人，提请秦穆公考虑，因灭郑而加强晋国对自己是否合算。这番话说得有条有理，中心突出，使人一听就信服。如果颠三倒四，头绪不清，人们听了不得要领，就很难有什么说服力了。

　　要使说话中心突出，条理清楚，就要在说话前理清思路和线索。紧紧抓住中心，把无关的枝节统统去掉，切勿求全求多；把材料的先后安排好，力求层次清晰，眉目分明，避免乱了套。

说话表达要言之有物

　　说话言之有物，表达有的放矢，才能达到预期的效果。

　　《周易·家人》："君子以言有物，而行有恒。"人们在日常生活中都会遇到这样的情况，不管是听别人做讲座，领导做报告，还是和周围的人聊天，都会碰到言之无物、空洞乏味的时候，上面讲得很热闹，下面听众却觉得困顿乏味，嫌内容假大空，虚无缥缈，不知所云。听众最怕听到的讲话是言之无物，不知所云。

　　为什么会出现言之无物的情况呢？究其根本，问题在于谈话者、演讲者没有很好地理解自己的讲话内容。自己都不明白为什么要说话，怎么能期待给听众一个内容充实、言之有物的表达呢？要解决这个问题其实并不困难，简单地说就是要很充分地精心准备自己的讲话内容，在开口讲话之前比较透彻地理解问题，才能在表达时做到言之有物，有的放矢。

有一天，林肯律师事务所来了一位行走蹒跚的年老寡妇，她是一位阵亡士兵的妻室。她向林肯泣诉，说她应该领取的四百元的抚恤金，被一位发放抚恤金的官吏强索去二百元的手续费。林肯听了勃然大怒，立刻为她向法庭对那位官吏提起了诉讼。

开庭的时候，林肯用愤怒的目光看着被告，他所说的话，差不多每个字都是十分中肯且言之有物，那种严正的态度、热烈的情感，几乎使他跳起来剥掉那位被告的皮："时间一直向前迈进，在1776年的英雄，已经成为过去了，他们是被安置在另一个世界中了。但是，那位英雄已经长眠地下，他的年老衰颓而且又跛的遗孀，此刻来到我们的前面，请求替她申冤。在过去，她也是体态轻盈、声音曼妙的美丽的少女，现在她贫无所依了，没有办法，只好来向享受革命先烈所争取到的自由的我们，请求给予同情的帮助和人道的保护。我现在所要问的是，我们是不是应该援助她？"

当林肯这样一段中肯的话说完了，居然有人感慨得流下眼泪，大家一致认为那老妇人的抚恤金是分文不能少给的。法庭最后分文不少地追回了士兵遗孀的抚恤金，严肃审判了那个官吏。

不论对谁说话，都要避免空洞的内容，去除那些泛泛而谈、不着边际的言论。言之有物，表达的内容就会充实，就能吸引听者关注，激发听者的兴趣，进而增进交流，达到预期沟通效果。

对症下药，问题迎刃而解

当问题发生时，你看到的只是表面的结果；问题为什么会发生，这才是你真正应该探究的原因。

找出根源，你也等于找出了答案。

业务员小周有一个令他十分头疼的客户，这个客户专爱欠账，而且往往一拖就是好几个月。

为了这个客户，小周不知道让经理给数落了多少次。其实，并不是他不积极地去催账，只是这家公司老板老谋深算，只要秘书一听见电话那头传来小周的声音，便会马上接着说："我们老板不在。"然后，"咔嚓"一声挂断了电话，叫小周向谁开口要钱呢？

若是直接跑到客户的公司门口，柜台小姐一看到他，便一定会中气十足地扯着嗓子喊道："真是不巧，我们老板今天不在！"

做生意做得这么痛苦，小周不是没想过干脆不要和这家公司打交道，只是市道冷清，如果放掉这条大鱼，可能会连鱼干都吃不到！为了长期的利润着想，小周只好硬着头皮，一次又一次地上门去碰钉子。

　　终于有一天，小周想出了一个对症下药的办法。他匆匆忙忙地来到客户的公司。照例，在门口就吃了柜台小姐的闭门羹，她大声地喊道："我们老板不在，请你先回去，等老板回来我再请他打电话给你。"

　　小周只好点了点头，转身走向门口。临出门前，像是忽然记起了一件事情，他走回柜台，从公文包里掏出一封信交给柜台小姐："要是老板回来了，麻烦把这封信转交给他。"

　　说完，小周就急忙离去。

　　过了一会儿，又看到小周气喘如牛地走回来，他上气不接下气地对柜台小姐说："很对不起，刚才的信给错了，请还给我。这封信才是给老板的。"

　　柜台小姐走到办公室里拿了那封信出来交还给小周。

　　小周瞄了信封一眼，发现信封已经有被拆开过的痕迹，兴奋地说："太好了！老板已经回来了，请带我去见他。"

　　就这样，小周顺利地见着了老板，拿到了货款。在把货款放进公文包的同时，他看了看皮包里那封被拆开的信，信封上写着："内有现金，请亲启。"

　　小周脸上浮现了得意的笑容。

　　小周的问题是什么？他有一个贪心的客户，因为贪心，所以欠账，如果想要成功收回账款，小周必须先从人性的贪婪面着手。

　　任何问题的答案，都隐藏在问题之中。没有人可以处理一个自己不知道是什么问题的问题，解决问题的第一步，是深入了解。

如果对方是一个贪心的人，你就必须诱之以利；如果问题只是来自于误解，你便可以釜底抽薪。

世界上没有解决不了的问题，有的只是你不了解的问题。当你了解了问题的症结在哪里，你便可以得知该从哪里谈起，也就知道如何去表达，如何去解决问题。

攻其要点，击中"要害"

在交谈中，要想达到说服别人的目的，关键是要选准"点"，攻其 点才能 举取胜。

苏联大革命时期，无政府主义者曾经卑鄙地把"经济地位决定人们的思想"这个马克思主义的基本原理偷换为："吃饭决定思想体系"，大肆攻击马克思主义是"填胃的理论"。对无政府主义这种卑劣的行径，斯大林对他们进行了坚决的驳斥："请诸位先生告诉我们吧，究竟何时，何地，在哪个行星上，有哪个马克思说过'吃饭'决定思想体系呢？为什么你们没有从马克思主义著作中引出一句话或一个字来证实这种论调呢？诚然马克思说过的，人们的经济地位决定人们的意识，决定人们的思想，可是谁向你们说过吃饭和经济地位是同一种东西呢？难道你们不知道，像吃饭这样的生理现象是和人们经济地位这种社会现象根本不同的吗？"斯大林由于抓住无政府主义者通过偷换"经济地位决定人们思想"这个命题而否定马克思主义这实质性问题进行反驳，着重阐明"经济地位决定人们思想"这一命题的特定含义及与他们所偷换的概念的本质区别，因而彻底地击中了无政府主义的要害，使其荒谬的论调不攻自破。

在攻其一点上，要注意选准的"点"与我们的推断须有必然联系。

在运用攻其一点的方法时，必须把事物之间多重关系加以割裂和缩减。然后把割裂和缩减后的关系在事物中的作用加以夸大，并依此为依据，推出不具必然性的结论。

闻一多是一名正直而有威望的学者，当他转变为坚定的民主战士的时候，引起了反动派的恐慌。他们四处造谣攻击说："别听闻一多那一套，他还不是肚子饿得发慌，才变得这么偏激。"对这一点闻一多显得很坦然，他反驳道："这话也有几分道理，我确实挨过饿，正是因为我挨过饿，才懂得那些没有挨过饿的先生们所无法懂得的事情。正因为我现在能够稍微吃得饱一点，有点力气，我就要把这些事情讲出来，是不是这就是'偏激'？让那些从来都是吃得很饱的先生们，爱怎么说就怎么说吧！但是，我只知道国家糟到这步田地，人民痛苦到最后一滴血都要被榨光，自己再不出来说说公正的话，便是可耻的自私。"

闻一多针对反动派的谎言进行反驳，突破对方的防线，取得了论辩的胜利。

选准"点"，发现、捕捉易被忽视但却能使对方措手不及的弱点、缺点、疑点等，然后以点带面，发起攻击，击中"要害"，达到说服对方的目的。

精准表达：紧扣要点细陈述

如果在与人交谈时，必须在极其短的时间内说出对别人的要求，以及向对方说明如此做了以后，他们能够获得什么样的利益时，你千万不能婆婆妈妈地为一些琐屑的细节所羁绊，只要简单地说出你的重点主张就行了。

1. 坚定自信地说出要点

所谓的"要点"，就是你与对方交谈所要实现的最终目的。为了使对方依赖你，对于完成你的要求或实现某一目标充满信心，所以你一定要信心十足地说出来。对于对方的行动要求，必须以乐观而坚定的语调，直率地强调出来。为了获得较好的交谈效果，在说话时，你一定不能畏缩而要信心十足。对于你真挚的陈述，对方一定会感动，并为此立即采取有效行动，从而完成你的要求和目标。

2. 使对方明白采取行动

不管你所阐述的是哪一种问题，你的目的就是要把问题的要点以及要求对方采取什么样的行动，简单扼要地表达出来，以便让对方容易理解，这样才能够让对方顺利展开行动。为了达到这个目的，最妥善的方法就是把关键部分具体地说出来。

如果在说话时，你能够具体地为对方提示事情的关键和问题的要点，那么你就要比其他人更容易和别人交谈，也更容易使对方感动。"发给客户的商业信函寄出去了吗？"比起漠然地对下属说"去把发给客户的商业信函打印出来"更有效果。

到底以肯定的方式叙述要点好，还是以否定的方式叙述要点比较妥当？这一点是无关紧要的，只要你能把你提出的要求叙述清楚表达准确即可。但必须站在对方的立场上做出这一决定。

3. 具体而精当地叙述要点

当你要求对方做一些什么事情时，必须进行精当的叙述，因为对方只会做他们明白理解的事情。他们既然要依照你的话采取行动，那么你就得准确而精练地把自己的意思表达出来。

优雅表达，为谈吐穿起美丽的外衣

语言是思想的衣裳，它可以表现出一个人的高雅或粗俗。如果你要接通情感的热流，使社交畅通无阻，就应礼貌地与人交谈，得体谦逊地表达。

　　说话要优美，表达要优雅。急话缓说，硬话软说，狠话柔说，逆耳的话婉转说，彬彬有礼，不亢不卑，不温不火，温文尔雅，恳切谦和，这样的谈吐才能给人最深刻的印象，声声入耳，句句入心。

优雅的谈吐讨人喜欢

哈佛大学前任校长伊立特说过："在造就一个有教养的人的教育中，有一种训练是必不可少的，那就是，优美而文雅的谈吐。"

善于说话、巧于表达的人，不但能使不相识的人见了他们产生良好的印象，并且能广结人缘，到处受欢迎。

许多人说话的本领不很高明，是因为他们不曾把谈话当作一门艺术，不曾在这门艺术上下过功夫。他们不肯多读书，不肯多思考。他们说话，宁肯随便用粗俗的语句，不肯"三思"而后言，将自己的意思用文雅、优美的语言表达出来。

有许多年轻人，终日只说些没有任何意义的闲闻琐事。面对一个陌生人，他们这种说话方式肯定会招致别人的反感。

相传，某父子冬天在镇上卖便壶（俗称"夜壶"。旧时男人夜间或病中卧床小便的用具）。父亲在南街卖，儿子在北街卖。不多久，儿子的地摊前有了看货的人，其中一个看了一会儿，说道："这便壶大了些。"那儿子马上接过话茬："大了好哇！装得尿多。"人们听了，觉得很不顺耳，便扭头离去。

在南街的父亲也遇到了顾客说便壶大的情况。当听到一个老人自言自语说"这便壶大了些"后，马上笑着轻声地接了一句："大是大了些，可您想想，冬天夜长啊！"好几个顾客听罢，都会意地点了点头，继而掏钱买走了便壶。

父子两人在一个镇上做同一种生意，结果迥异，原因就在会不会说话上。我们不能说儿子的话说得不对，确实，便壶大装得尿多，他是实话实说。但不可否认，他的话说得欠水平，粗俗的语言难以入耳，顾客听了很不舒服。本来，买便壶不俗不丑，但毕竟还有些私密的因素在内。人们可以拿着脸盆、扁担等大大方方地在街上走，但若拎着个便壶走在街上，就多少有些不自在了。此时，儿子直通通的大实话怎能不使买者感到几分别扭？而那个父亲则算得上是一个高明的推销商。他先赞同顾客的话（"大是大了些"），以认同的态度拉近顾客的距离，然后，又以委婉的话语说"冬天夜长啊"，这句看似离题的话说得实在是好。它无丝毫强卖之嫌，却又富于启示性。其潜台词是：冬天天冷夜长，夜解次数多且又怕冷不愿意下床是自然的，大便壶正好派上用场。这设身处地的善意提醒，顾客不难明白。卖者说得在理，顾客买下来也就是很自然的了。

儿子一句话砸了生意，父亲一句话盘活了生意，这不正说明了"善讲"的重要性吗？

说话礼貌，表达文雅，态度自然，同时还需使你的言辞富于同情，处处显示你的善意。唯有充满温暖的同情的话语，才能够引起他人的注意。假如你的话是冷淡而寡情的，那是引不起他人注意的。

选择各种题目，努力去做优美而精纯的谈论。常常用清楚、流利、文雅的言辞去表达自己的意思，这是一种良好的训练。

温和表达的迷人魅力

说话表达时口气温和，可以弘扬男性的文雅大度和女性的阴柔之美。尤其是在抒发情感时，因为温和地说话使用的是和声细气的音素，所以它具有一种迷人的魅力。

由于语音学中音素、音位的原理和人们说话时用声用气的心理状态及规律的不同，和声细气，这种声和气宛如柔和的月光和涓涓的细流，由人的心底流出，轻松自然，和蔼亲切，不紧不慢，能给听者以舒适、安逸、细腻、亲密、友好、温馨的感觉。温和地说话的男人，为人必定厚道、宽容、襟怀开阔；温和地说话的女人，为人必定温柔、善良、善解人意。

林肯当选美国总统，他对政敌的态度引起了一位官员的不满。这位官员批评林肯不应该试图跟那些人做朋友，而应该消灭他们。"当他们变成我的朋友时，"林肯十分温和地说："难道我不是在消灭我的敌人吗？"

在南北战争时期，林肯到前线去视察联邦军队的防线，陪同他去巡视的是副官霍尔姆斯上尉。林肯爬到战壕上面仔细观察敌军阵地，这时敌军突然射来一梭子弹，这可急坏了霍尔姆斯。他连忙抓住总统的手臂，把他拖下战壕，对他大声吼道："快下来，这个蠢猪！"上尉自知失言而冒犯了总统，心中猜想肯定会受到纪律处分。但林肯却在分手时，温和地对他说道："再见，霍尔姆斯上尉，感谢你救了我，我感到十分欣慰。"霍尔姆斯听了如释重负。

德国社会民主党议员菲立蒲在议会演讲中，受到其他党派的联合攻击，他也以温和的语言化解了危机。当时他们骂菲立蒲："流氓，反动派的走狗，闭嘴，滚回去！"但是菲立蒲语气平和地回答说："谢谢大家的指点，再过30分钟我就要走了。为了填肚子啊！"瞬间爆发出哄堂大笑。他也就顺利地完成了演讲。

曲径通幽，含蓄婉转把话说

委婉是交谈的"缓冲"，表达的"柔道"，它会让原本可能困难的交往变得顺利起来，让听者在比较舒适的氛围中领悟到本意。委婉是用迂回曲折的语言表达本意的方法。说话者故意说一些与本意相关或相似的话，以烘托本来要直说的意思。

古人对于君父尊长的所作所为不敢直说，而要采取委婉的方式来表达。有一次，秦王和中期发生了争论，结果中期赢了，而秦王却输了。中期若无其事、大摇大摆地走出了皇宫。秦王大怒，暴跳如雷，决心要把中期杀掉，以解心头大恨。这时，在秦王身边有个和中期要好的人对秦王说："中期这个人实在是个暴徒，一点也不懂规矩。他幸好遇到大王这样贤明的君主才能活命。如果遇到桀纣那样的暴君，早就没命了！"秦王一听，也就不好再加罪于中期了。

在秦王盛怒的情况下，要为中期辩护，如果直言劝说秦王不要杀中期，这样只能是火上浇油，适得其反。这时，中期的朋友采用了委婉的方式，简单的几句话却有着丰富的含义。既有对中期的指责，又有对若杀中期则是暴君的暗示，还有不杀中期则是贤君的称赞，秦王的火气一下子就平息了下来，也就不好再对中期下手了。

根据不同的对象和环境，有时说话需要直来直去，有时则需要拐弯抹角。所谓拐弯抹角，就是通过转换角度，或者借助其他中介来说服对方的方法。先秦时代，辩士们进谏国君往往用拐弯抹角的方法，这是因为封建君王喜怒无常，好恶不分，直言进谏反而得不偿失。

拐弯抹角能激起人思想上的波澜，让人在思索中明白事理，说服力更强。

运用拐弯抹角的方法时有几个特点：①需要借助中介，如一个故事、一则寓言等等，就事论理；②巧妙利用时机，不以专门劝谏者的身份出现，以免造成对立局势；③换角度提出劝谏，在另外的事情上做文章，其中的隐义由对方自己悟出，使其在自我启发中认识错误，这样既免除了对方心理和面子上的顾虑，又便于改正错误和接受意见。

《战国策》里有这样一则"南辕北辙"的故事：从前魏王欲攻打赵都邯郸，谋臣季梁知道此事，忙从旅途返回，求见魏王。他对魏王说："我在返回的途中遇到一个男子，正赶着车向北走，却告诉我他要去楚国。我提醒他，'若要去楚国往南走才对'，可那男子说：'我的马是日行千里的好马。'我说：'马是好马，可是你却弄错了方向。'那男子又说：'我带够了旅费。'我说：'你的旅费够了，但你的方向走反了。'可那男子又说：'我的御夫技术高超！'诚然他具备了所有条件，可他却犯了方向性的错误。楚在南，他却向北，因此，他的条件越好，离楚国的距离就越远。大王，您身为霸者之一，刚刚获得天下的钦佩，却想仗着国富兵强而攻打赵国，你的目的是扩大领土，远播威名。但赵国并非弱小，若进攻不利，反而削弱魏国，可能从此离霸业日远矣。这不就和那个欲去楚国，却偏偏向北走的男子一样吗？"魏王听过故事后，若有所悟，改变了原来的主意。

这里，季梁借用一个成语故事劝谏魏王不要进攻楚国，并指出进攻的结果有害无利，魏王接受了他的劝谏。

委婉劝谏可以避免因直接叙述给对方造成伤害而形成对抗，能让对方在细细品味我们的语言之中接受我们的观点，取得共同的认识。

婉言劝导是说服的上上策

人生就是不间断的说服的过程。无论从事什么职业——领导员工，推销产品，教书育人……离开了说服，都将一事无成。

说服是以求得对方的理解和行动为目的的谈话活动。说服的最大特征，就是在于引起对方的关注。如果非把单方面的想法强加在他人的头上，说服就不可能获得成功了。就是说，说服的关键，就是在于帮助对方产生自发的意志。因此，说服不是为了使对方在理论上获得理解而进行的"解说"，也不是迫使对方在无奈之下付诸行动。

说服的关键因素有三个：一是说服者的人格，即"说服者是什么人"；二是劝告内容蕴含着的力量，即"说什么"；三是说服者的应变能力，即"怎么说"。这三者构成说服所不可缺少的要素。我们将它们统称为"说服能力"。

在生活中需要说服的对象有很多，他可能是你的父母、你的上司、你的顾客、你的朋友、你应聘的主考官……甚至于，当有些图谋不轨的人想在你身上实施犯罪行为的时候，也需运用说服，以避免造成严重的恶果。

每个人心里都有是非观，只不过人们的是非观存在某些差异。而且，由于情绪作用，人们也可能模糊是非的概念，做自己并不认为正确的事。如果你能让对方意识到他是在做一件他认为不正确的事，并让他冷静地思考，就可能让他改变主意。

一位戴花帽的姑娘在街头碰到几个小伙子，其中一位竟伸手摘下了姑娘的帽子。面对挑衅，姑娘又恼又怒又紧张，但她马上冷静下来，彬彬有礼地说："我的帽子挺漂亮，是吗？""当然，它和你这个人一样，真美。"男青年说。姑娘温柔地说："你一定是想仔细看看，好给你的女朋友买一顶吧？我想你绝不是那种随意戏弄人的人。"她话里有话，温和中深藏开导，委婉中包含锋芒。"当然。"青年有几分尴尬，不由自主地归还了花帽，一场可能发生的纠纷就这样被制止了。

从中我们不但看到了姑娘的机智，而且对她的说话技巧留下印象。自始至终姑娘没说一句强硬的话，而是用含有"潜台词"的柔和软语，巧于应对，成功地激发了对方的自尊、自爱心理。她用冷静举止、柔言软语塑造了一个见多识广、不容侵犯的强者的形象，使对方不敢轻举妄动。

可见，只要沟通得法，巧妙表达，灵活应对，就没有什么矛盾摆不平，也没有什么事情不可解决。

聪明的沟通方式是用温和冷静的语气说服人，而不是用权力和手段压服或恐吓对方。让对方自愿地被说服，才算是沟通的上上策。

赞许比批评更有力量

温柔的赞许是比严厉的批评更加有效的力量。用赞许代替批评，是史金纳教学的基本观点。这位伟大的心理学家以实验来证明：当减少批评，多多赞许对方时，人所做的好事会增加。

俗话说，人的心灵就像花朵：开放时会承受柔润的露珠；闭合时会抵御狂风暴雨。假如我们在规劝别人，实际上就是让他的心灵开放。但是，被规劝的人往往用闭合来抵御我们的语言，因为他并不知道我们送的是雨露，而只知道怎样保护他的自尊心。

林肯有一次批评他的女秘书："你这件衣服很漂亮，你真是一个迷人的小姐。只是我希望你打印文件时注意一下标点符号，让你打的文件像你一样可爱。"女秘书对这次批评印象非常深刻，从此打印文件很少出错。

林肯身为美国总统，可算是世界上最有权势的人之一了，说话如此委婉、客气，是他好修养、好气度的体现。假如他换一种盛气凌人的口吻呵斥："你怎么工作的？连标点符号都搞不清楚，亏你还是大学生呢！"只能让对方反感，反而达不到纠正对方错误的目的。

我们经常看一些歌唱比赛、辩论赛。在专家点评时，他们经常用这种几乎是无往不胜的妙招：先指出选手的优点，然后再根据具体情况指出不足之处。比如对方是名歌手，就先指出他音质不错，台上表演力很强，但缺乏经验，细节处理不够好；如果对方是位辩手，可以先表扬他头脑灵活，才思敏捷，再指出他的一些失误。不仅是在这些比赛中，在谈判桌前、在工作中、在生活中，在一切与人相处中都会用得着这一招"先扬后抑"法。老师为了不打击学生的自信心和学习积极性，总会先分析这位学生的优点、进步的地方，然后再慢慢道出他的不足之处。这种方法会让人在心理上能够接受，面子上也过得去。既达到目的，又保住自己且不伤害别人。

一般来说，我们规劝别人很容易使自己站在比别人高的位置上。而本质上，也确实比别人高，因为你自己觉得比别人的观点正确，这才能劝人；如果觉得比别人低，那就表明你观点不正确，或者对自己的观点不自信，那还去劝什么人呢？因此，劝人的人实际上的位置应该是高的，但这种高，在劝人时是不能表现出来的，只能摆在和被劝人平等的位置上，这不是虚伪，而是方法上的需要。只有当被劝人觉得你尊重他了，设身处地在为他着想，他才能认真考虑你说的话，才能把心扉打开，才有可能达到劝说的目的。

相反，你自恃自己有理、说得对，把位置摆得高高在上，甚至不注意语言的表达方式，一派批评人的口气，势必引起被批评人的反感，因为你没有尊重他，他会想出各种办法来对付你，使你不但没有达到规劝的目的，还生一肚子气。如果他迫于某种压力或其他因素，而屈服于你的批评，口头上也许承认自己错了，内心深处还是不会听你的。

指出别人的缺点，可能因与对方意思相违而伤害到对方，又可能因对方态度蛮横伤及自己，这时，需要用赞美的话语做中和剂，令对方反驳不是，发怒也不是，批评得有理有据，令其心悦诚服地接受。

首先，必须设想一个限度，否则你的忠告也许会适得其反。当你要指出别人的缺点时，必须先认识到人类的脆弱及不完美，且保持着自我反省的心态和与对方一同背负过失的谦虚态度，让对方发觉自己的缺点和错误。其次，为了免于引起对方的逆反心理，必须要事先准备些称赞的话，在批评他人之前，先将这副"灵丹妙药"给对方服下，然后再转入正题。当对方因你指出的缺点而感到难过和难以接受时，表扬就起了很大的中和作用。

不顾时间、地点、对方心理，直截了当、劈头盖脸的一阵冷言恶语，达不到沟通的目的，反而会适得其反。学会和风细语地指出别人的错误和缺点，会收到意想不到的好效果。

找准被赞美者的"穴位"

美国《幸福》杂志下属的名人研究会研究的结果表明，人际关系的顺畅是事业成功的最关键的因素，而赞美别人是处世交际最关键的课程，因此如果你懂得如何去赞美别人，再加上你聪明的头脑，还有脚踏实地的精神，就等于事业成功了一半。从很大意义上讲，学会赞美他人是事业成功的阶梯。

真诚的、发自内心的赞美可以让我们快速地获得他人的好感，化解对方的疑虑、尴尬等。每个人都有自己的优点和成绩，都希望获得别人的肯定和赞美。有些优点和长处是与生俱来的，比如某人长得漂亮、智商很高等。

赞美别人，不单单是花言巧语、甜言蜜语，重要的是根据对方的文化修养、个性性格、心理需求、所处背景、角色关系、语言习惯乃至职业特点、性别年龄、个人经历等不同因素，恰如其分地表扬或称赞对方。

比如，要表述对社会嫉贤妒能现象的认识，如果对方是知识分子，可说："木秀于林，风必摧之；堆高于岸，流必湍之；行高于众，人必非之。"但这话就不能再照搬讲给文化水平不高的听众，对他们可以说"枪打出头鸟""出头的椽子先烂"这样的俗语，对方会更容易接受，讲话才会有效果。讲激励人的话也是这个道理。

此外，还要看对方的个性性格。对方性格外向，透明度高，可以多赞美他，他会很自然地接受；如果对方比较内向、敏感、严肃，你过多地赞美他，会使其认为我们很轻浮、浅薄。因此，在赞扬对方时要注意这一点。

每个人的需求不同，要迎合对方要求讲赞美的话。一个不喜欢淑女型、个性鲜明、男孩子气十足的女子，我们夸她如果长发披肩、长裙摇曳、婀娜多姿、美丽迷人，她也许不会感激你，还有可能认为你多管闲事。如果了解她的心理，夸她的短发看起来既精神又有活力，她一定会开心。

与不同性别的人讲话，应选择不同的方式。对体胖的女子，说她又矮又胖，一定会令她反感；但如果我们夸她一点不胖，只是丰满，她会得到几分心理安慰，不会因为自己胖而自卑。而对同样体型的男子，说他矮胖子，他也许只是置之一笑。

赞美要注意对方的年龄特征。若想打听对方的年龄，对不同年龄层的人要采取不同问法。对小孩子可以直接问："今年几岁了？"对老年人则要说："今年高寿？"对年龄相近的异性不可直接问，要试探着说："你好像没我大？"对年纪稍大的女性，年龄更是个"雷区"，问得不好就会讨人厌。一个40岁的中年女子，开口道："快50了吧？"对方一定气愤不已，如果我们小心地问："30出头了吧"，她一定会心花怒放，笑逐颜开。

在赞美别人时，要学会察言观色。一个为事业废寝忘食的年轻人，便可以称他"以事业为重，有上进心"；一个为了债务焦头烂额、心绪不宁的企业家，你夸他"事业有成，春风得意"，对方也许会认为你是在讲"风凉话"，这种话便会起到适得其反的效果。

对于别人优点和长处的肯定不仅不会贬低自己的位置，而且可以使旁人从中认识到我们所具备的优良品质，从而获得他人的赞许。

优雅拒绝，说"不"有窍门

当我们想拒绝别人时，心里总是想："不，不行，不能这样做，不能答应！"可是，嘴上却含糊不清地说："这个……好吧……可是……"

这种口不对心的做法，一方面怕得罪人；另一方面，过于直率地拒绝每一个问题，永远说"不"，也不利于待人接物。

说"不"也有窍门。

1. 用沉默表示"不"

当别人问："你喜欢阿兰·德龙吗？"你心里并不喜欢，这时，你可以不表态，或者一笑置之，别人即会明白。

一位不大熟识的朋友邀请你参加晚会，送来请帖，你可以不予回复。它本身说明，你不愿参加这样的活动。

2. 用拖延表示"不"

一位女友想与你约会。她在电话里问你："今天晚上8点钟去跳舞，好吗？"你可以回答："明天再约吧，到时候我给你去电话。"你的同事约你星期天去钓鱼，你不想去，可以这样回答："其实我是个钓鱼迷，可自从成了家，星期天就被妻子没收啦！"

3. 用推脱表示"不"

一位客人请求你替他换个房间，你可以说："对不起，这得值班经理决定，他现在不在。"

你和妻子一块上街，妻子看到一件漂亮的连衣裙，很想买。你可以拍拍衣袋："糟糕，我忘了带钱包。"

有人想找你谈话，你看看表："对不起，我还要参加一个会，改天行吗？"

4. 用回避表示"不"

你和朋友去看了一部拙劣的武打片，出影院后，朋友问：

"你觉得这部片子怎么样？"你可以回答："我更喜欢抒情点的片子。"

你正发烧，但不想告诉朋友，以免引起担心。朋友关心地问："你试试体温吧？"你说："不要紧，今天天气不太好。"

5. 用反诘表示"不"

你和别人一起闲聊。当对方问："你是否认为物价增长过快？"你可以回答："那么你认为增长太慢了吗？"

6. 用客气表示"不"

当别人送礼品给你，而你又不能接受的情况下，你可以客气地回绝：一是说客气话；二是表示受宠若惊，不敢领受；三是强调对方留着它会有更多的用途等。

7. 用外交辞令说"不"

外交官们在遇到他们不想回答或不愿回答的问题时，总是用一句话来搪塞："无可奉告。"生活中，当我们暂时无法说"是与不是"时，也可用这句话。

还有一些话可以用作搪塞："天知道。""事实会告诉你的。""这个嘛……难说。"

为你的回绝加上"垫子"

你是否有过这样的体会，一个人在提出自己的意见后，一旦遭到全盘否定，往往会采取以牙还牙式的反抗。这种心理反应会极大地阻碍谈判的顺利进行。因此，不论在什么情况下，你应当尽可能避免上述心理活动的发生。

相反，一个人在提出自己的意见后，一旦受到某种程度的肯定和重视，人的自尊心理会引导心理活动形成一种兴奋优势，这种兴奋优势会给人带来情感上的亲善体验和理智上的满足体验。这种体验一旦发生，就会有利于纠纷的调解，使争执双方的意见达成一致。

根据上述理论，在拒绝对手时，先说"是的"，表示同情和理解，创造一种较为融洽的谈判气氛，缩短双方之间的心理距离后，再讲"但是"。由于你对对手的某些看法大加赞赏，对手自动地停止了自己的讲话，含着笑、点着头关注地欣赏别人对自己观点的肯定和发挥。这时，在他眼里，你是与他站在一起的，对立已经不存在了。尽管你也在赞扬的意见后表达了不同意见，那也好商量了。

美国得克萨斯州国家银行生活保险公司总裁，即《权力宣传如何使我在6小时内成功》一书的作者皮尔斯·布鲁克博士曾列出几种"是的，但是"这种拒绝方法的参考句型。

"是的，我能理解为什么事情会那样，但是……"

"是的，你在那件事上当然是正确的，但是，另外一方面……"

这些基本句型可以有许多变化，如："总的来说，您的看法是对的，如果……"

"你没错，你能这样说，假使我站在你的位置上，我也会这样说，但……"

"你的看法我也有同感，问题在于……"

彬彬有礼，不卑不亢

交谈要恰到好处，就是说既要不卑不亢，又要热情、谦虚、温文尔雅、恳切和富有幽默感，这样的谈吐才能给别人最深刻的印象。

不亢就是谈话时不盛气凌人，不自以为是。如果你是一个很有学识的人，也不要轻视别人，要用心倾听别人的意见。更何况"智者千虑，必有一失，愚者千虑，必有一得"，别人的意见不见得全不可取，而自己的意见也不见得全部都正确。如果你随时以高人一等的口吻或专家的姿态出现，好像处处要教训别人，这样只会引起别人的反感。

当然，反过来交谈时有自卑感也是要不得的。一个对自己失去信心的人，是难以得到别人的重视和信任的。比方在谈话时，你处处都表现得畏畏缩缩，说什么都不懂，或者是"驴唇不对马嘴"，显出一副未经世面幼稚无知的品相，这也是很糟糕的。

自卑与谦虚，两者是大有分别的。谦虚在谈话中最受人欢迎，又不失自己的身份，更不等于幼稚无知。"虚怀若谷"或"不耻下问"，这就是交谈中谦虚的态度。明白地说：就是不自大自满，碰到自己在交谈中不了解的话题，不妨请对方作简单的解释。这种做法是聪明的，因为这样既可避免误解别人的话，又可表示对对方赏识，尊重对方，这样，自然使对方觉得你可爱了。

交谈表达时诚恳、亲切，也是很受别人重视的。如果你碰到一个油腔滑调，说话飘浮不实的人，你一定会觉得异常不快，敬而远之，甚至会从内心上引起反感。自己的心情如此，别人的心情也是一样，因此，在社交的谈话表达中也须警惕注意。

某外贸公司因拓展外贸业务的需要，决定向社会公开招聘一位管理人员。招聘广告登出后，人才招聘处便被里三层外三层地围个水泄不通……经过笔试和面试两道关卡之后，最后敲定在剩下的李甲、王乙、张丙中间选出。筛选出来的三位应聘者个个了得，论写，无论中文外文，均无懈可击；论讲，有问必答，应对如流，滔滔不绝，堪称难分伯仲，这使招聘者颇感踌躇。

最后，公司决定来一次"煮酒论英雄"：在某酒家设宴招待三位应聘人员，通过酒宴对应聘者再次进行筛选。

宴会在热烈的气氛中进行。总经理坐在应聘者中间，相互频频举杯，互作酬答，你来我往，笑语欢声不断。笔试和面试只反映了应聘者的专业知识和部分素质。应聘者有备而来，且分外警觉，所以，有些缺点就暴露不出来。而在气氛热烈的酒宴上，一些应聘者认为大局已定，思想不再设防，于是，一个真正的"自我"便赤裸裸地展现在招聘者面前：

席间王乙出言不凡："总经理，你只要录用我，我保证让公司效益翻一番。"

张丙则显得有点儿破釜沉舟的意味："总经理，我这次是横下一条心来报名应聘的，我已向原单位辞了职，我坚信，凭我的水平，你们一定会录用我的……"

唯有李甲稳坐席间，在总经理的眼光问询之下缓缓说出："总经理，能结识您很荣幸，我非常愿意为贵公司效力。但如果确实因名额有限而不能被录用，我也不会气馁，我会继续奋斗，我相信，如果不能当您的助手，那我一定要成为您的对手……"

那么谁将是最后的胜出者呢？

自然是李甲被录用。

在应聘过程中，有的人能够说得恰到好处而终被录取，而有的人则"尽显才能"，夸夸其谈。王乙轻言取胜，戏言赚钱，看似有胆有识，却言过其实，给人以一种不可行的感觉。而张丙的话语似乎很自信，实际却是自负，把应聘当赌博，把赌注全压在这一次上，这些人思维方法比较偏激、绝对。搞外贸，有时要刚，察言观色，当机立断；有时也要柔，以柔克刚，以屈求伸。思维方法单一，必然导致行动僵化，难以胜任外贸工作。

而李甲始终都保持着清醒的头脑，言语得体，柔中有刚，充满自信，意志坚强。这是搞外贸的最宝贵的性格。他的谈话彬彬有礼，不卑不亢，机智敏捷，性格开朗，具备了搞外贸的优良素质。他最后的那句话提醒了这家外贸公司的人事经理：如果被录取名额所限制，并不证明自己不优秀。如果让这些优秀人才流失到别的公司去，岂不是为公司树立了一个劲敌。

李甲正是凭着其良好的职业形象，才能使招聘者确信其有足够能力胜任本职工作。职业形象的确立除了求职者的外貌、风度、个性、心理特征等多种因素之外，求职者的谈吐是否得体也显得极为重要。有关研究表明，在劝说人时，其效果只有8%与内容有关，42%与仪容有关，而50%却与你如何言谈有关。任何一种工作，都要与人建立职业关系。工作人员要顺利完成具体工作，必须具备较强的谈话技巧和口才，在种种场合，针对形形色色个性心理迥异的人，均能做到用语恰当、谈吐得体、不亢不卑、不愠不火。这样，良好的口才既显示出工作人员自身的职业形象，也维护了任职单位的形象和尊严。

个人良好的职业形象很大程度表现于高雅的谈吐之上，谈吐之美在于用语恰当，言之有物，有一种自然的吸引力。

用身体语言为表达加分

国际肢体语言专家阿尔伯特·麦拉宾有这样的研究结论，人在彼此表达交流中，一条信息产生的全部影响力有7%来自语言（仅指文字），38%来自声音（包括语音、音调等），而55%来自无声的身体语言。有专家还有这样的观点：话语的主要作用是传递信息，而身体语言左右着人与人之间思想的沟通表达。

事实上，我们在与人交流沟通时，即使不说话，也可以凭借对方的身体语言来探索他内心的秘密，对方也同样可以通过身体语言了解到我们的真实想法。

人类的动作、表情是本能的，每个人平时说话都会不知不觉地做出某些表情动作。人们说话时变化的目光、或喜或怒的神态、举手投足的动作，经常同所表达的内容密切相关，同时也反映出说话人的修养。事实上，你同另一个人见面，虽然尚未正式开口说话，但交际活动已经开始，双方的眼神、表情、动作都在传递着信息。说话时对方不仅在听，还在看。皱眉头、嘴角向下撇，那显然是话不投机；和颜悦色、笑脸相对，说话就易于顺利进行。因此，在口语交际过程中，我们必须给这种无声的身体语言以应有的关注。如果在说话时能够恰到好处地运用身体语言，就能够使说话重点突出，使自己的表达更具有感情，形象生动，因而更富有吸引力和感染力，交际的效果会比单纯凭借有声语言好得多。

一个人的身体语言和有声语言，是构成其语言的两种重要形式。每个人在实施活动的过程中，针对不同的对象、场合等情况，有时可单独使用，有时也可将两者结合使用。但更多的情况下，要注意身体语言和有声语言的相辅相成的关系，更好地发挥自己言语的效能。

所以，在与人交谈时，为了更加接近彼此之间的距离，更为优雅得体地说话交谈，我们有必要了解和运用肢体语言在沟通表达中的作用。

1. 头部语言

在对方讲话时，我们要适时地点头。大部分人从来没有意识到点头这一动作的威力，事实上，恰当地点头动作会成为相当具有说服力的工具。研究显示，如果聆听者每隔一段时间就向说话人做出点头的动作，每次做这个动作时点头次数以3次为宜，就会激发说话人的表达欲望，能够让他比平时健谈3~4倍。

点头的动作还具有相当的感染力。如果有人对你点头，你通常也会向他回报以点头的动作，即使你并不一定同意这个人所说的话。因此，在建立友善关系、赢得肯定意见与协作态度等方面，点头的动作无疑是绝佳的手段。

在点头的同时，我们的脸上应该表现出微微的笑容，眼睛直视对方。

2. 身体语言

当我们与对方说话或聆听的时候，上身向前倾，会显得更有诚意，也更容易拉近你与对方的距离，赢得对方的好感。坐着的时候，靠着椅背不如上身稍向前倾来得好。当我们改变坐姿，自然就博得对方的好感，他会觉得我们很认真而且积极。

精准表达：玩转语言"障眼法"

魔术大师的戏法谁都知道是假的，可人人爱看，乐意接受他那块罩眼布。人情关系学认为，要注意尊重他人，即使是指责批评，有块遮羞布，对方也容易接受。大家避免了难堪，才可能有戏法可变，其实谁都心知肚明。人际交往中，这样的场合很多。

1. 难以启齿的话，要用机智与笑话的"糖衣"包起来

想必你在日常生活中有时也必须讲一些难以启齿的话。这种时候，如果直接说"实在伤脑筋""这样很麻烦"，很可能引起对方的反感，或者给予对方不快感。如果机敏地以笑话的方式来表达，对方也就一笑置之，既不伤害到对方，说的人心理负担也比较轻。

2. 警告别人时不要指出缺点，而要强调如果纠正过来会更好

有位棒球教练在纠正选手时，不说"不对，不对"，而说"大致上不错，但如果再纠正一下……结果会更好"。他并非否定选手，而是先加以肯定再修正。也就是说先满足对方的自尊心，然后再把目标提高。如果只是纠正、警告的话，只有徒然引起选手的反感，不会有任何效果可言。

3. 不小心提到对方的缺点时，要加上赞美的话

想必每个人都曾不小心说话伤到对方或对对方不礼貌。话一旦说出来就无法挽回，当场气氛就不好了。这种情形大多是连忙辩解，或者换上温和一点的措辞，这实在不是好方法，因

为对方认为你心里这么想才会出言不逊。这种时候不要去否定刚才说出来的话，要尽量沉着，若无其事地附带说道："这就是你吸引我的地方""但是，你也有什么什么优点，所以表面上的缺点更显得有人性。"

人对于别人说过的话总是对最后的结论印象最深刻，附加赞美的话，对方便认为结论是赞美的，即使前面说过令人不愉快的话，也就不会计较了。

4. 假托第三者传达对对方的批评

某企业的主管说，他的公司有几位兼职的女职员言谈不很高雅，甚至对他这个上司说起话来像对待朋友一样。有一天，他告诉一个已经任职两三年的女职员："最近的年轻人说话有点随便，请你代我转告一下好吗？"那个女职员回答："是。"结果却很令人意外，那几个兼职的女职员谈吐多少有所改善，而那个负责转告的女职员对自己的谈吐最为小心翼翼。恐怕是"最近的年轻人"这句话让那个女职员觉得自己也包括在内。

这个女职员的情形，连主管也意想不到。这也可以用做批评别人时的方法，也就是说托诸"第三者"而不要直接批评，如此一来，对方就会虚心接受而不太会产生反感。

然而，这种托诸"第三者"的批评，如果太过明显，听起来像"指桑骂槐"。这一点要多留意。

蒙上遮羞的外衣，既能治好伤情，又能不使其丢丑，正是遮羞通权达变的境界。

因人表达，向对的人表白对的话

俗话说："看菜吃饭，量体裁衣。"是指办事时要看具体情况，灵活机动，不能拘泥于现成的条文，生搬硬套。说话表达也是这样，也要看具体情况，灵活机动，因人而异。

看人说话，因人表达。与智者谈话，表达要渊博；与拙者谈话，表达要强辩；与善辩的人谈话，表达要简要；与高贵的人谈话，表达要气势恢宏；与卑贱者谈话，表达要谦恭；与富人谈话，表达要高雅潇洒；与穷人谈话，表达要平等怜悯；与勇敢者谈话，表达要果敢；与上进者谈话，表达要激奋昂扬。

因人表达，不拘一格

会表达的人，在交际场中，当然能获得优势。不会表达的人，在交际场中，时时处处落下风。

有的人，无论生张熟魏，都能一见如故；有的人，却不论新交旧识，总是落落寡合。如此不同，真有如天壤之别。

一见如故的，大家都欢迎他，而使他成为交际场中的重心。落落寡合的，大家淡焉若忘，不会和他有亲热的交流。

会表达的人，绝不肯单独同一个人讲话，他们一定能够周旋于大众之间，而且和每个人都有相当的接触，绝不会对于某甲特别亲热，而对某乙特别冷淡。

会表达的人，绝不会用同一个方式，与每一个人接触，他们对于每个人，一定各有一种说法。

或者追述故事，或者即景生情，或者谈偶发事项，或者谈朋友近况，或者谈生意经略，或者谈国家大事，或者谈某种学问，或者谈某种艺术，或者谈业余生活，或者谈茶经食谱，或者谈金石书画，或者谈评剧昆腔，或者谈稗官野史，或者谈本地风光，或者谈对方的近况，或者谈对方的著作，他们的谈话资料，有新有旧，有浅有深，有俗有雅，有远有近，各随对方的生活情形而定。

对于新人，不讲旧话；对于旧人，不说新话；对于浅人，不讲深义；对于深人，不说俗论；对于俗人，不讲雅事；对于雅人，不说俗情，他们所说的话，都不是自己要说的话，而是对方要说的话，说话的目的，不是炫耀自己的长处，而在引起对方的兴趣。

边看边说，边说边看

不同的人爱听不同的谈话内容，因此说话表达要多说对方爱听的话。但困难的是你怎么知道他爱听什么、不爱听什么呢？这就要"看"人说话——边"看"边说，边说边"看"。这"看"，即是观察：在与对方谈话时，要善于一边说一边察言观色。

"看"对方什么呢？

1. 看面部表情

狄德罗曾经说过，一个人内心的每一个活动都表现在他的脸上，刻画得很清晰，很明显。有时对方口头表示赞同你的意见，但他的眉头却不知不觉地紧皱了起来，或者他的嘴唇突然紧闭，而且嘴角向下撇。这些表情恰恰是内心不愉快的流露。因此他说的赞同的话其实是言不由衷的，或者碍于情面，或者屈于权势，才不得不这样说的。

2. 看体态表情

几乎每一种体态或每一个动作都是一种特殊的语言，都在宣泄着一个人的内心世界。问题在于我们要能看懂这些体态表情，要能领会它们的内在含义。假如与你谈话的人双脚并立，双臂交叉在胸前，这就表明此人对你怀有某种敌意，他在做自我防卫；当他不仅双臂交叉，而且双拳紧握时，那就是说他不只在自卫，还要向你进攻了。又如，如果谈话者常向你摊开双手，这就表明此人是真诚坦率的，他对你毫无提防之心。

3. 看语言表情

与人交谈时不但要看他说什么，而且还要看他怎么说。这就是要从对方说话声音的高低、强弱、快慢、腔调等看出他的言外之意，听出他的弦外之音。这是因为说话声音的种种变化不但表现一个人的性格——急性子的人说话节奏快、声音响亮，慢性子的人说话节奏缓慢、声音低沉——而且能够表明一个人的情绪与心境。例如，人忧伤时语速慢、声音低、节奏平缓，而人兴奋时与之相反，语速快，声音高，节奏强烈。

所谓"看人说话"，主要是"看"上述三种表情。从这些表情变化中，我们便可随时猜到对方的心理态势，透视对方的心理需要，然后就可以随时调整自己谈话的内容与方式，使之更适应对方的思想线索。这样，说话便可获得预期的良好的效果。

看人说话，因人表达，将使你在成功的道路上路路绿灯，处处顺畅。

性格不同，表达有别

性格，是对人、对事的态度和行为方式所表现出来的心理特征。一个人的性格特征通过自身的言谈举止、表情等流露出来。例如：那些快言快语、举止简捷、眼神锋利、情绪易冲动的人，往往是性格急躁的人；那些直率热情、活泼好动、反应迅速、喜欢交往的人，往往是性格开朗的人；那些表情细腻、眼神坚定、说话慢条斯理、举止注意分寸的人，往往是性格稳重的人；那些口出狂言、自吹自擂、好为人师的人，往往是性格骄傲自负的人；那些懂礼貌、讲信义、实事求是、心平气和、尊重别人的人，往往是性格谦虚谨慎的人。

对于这些不同性格的人，和他们说话表达时要具体分析，区别对待。说话方式与对方性格相投，自能一拍即合。

罗斯福未成名之前曾参加过一个宴会。他看见席间坐着许多不认识的人。这些人是认得罗斯福的，不过因为他们和罗斯福的地位不同，所以虽然认识罗斯福，但表情却非常冷淡，并没有因罗斯福地位高而表示殷勤。那时罗斯福刚从非洲回来，正在预备1912年选举的第一次旅行。罗斯福看见这些人对他没有表示友好的意思，立刻想出一个办法：他故意拿出几个简单的问题，去问那些不相识者。

陆思瓦特博士是筵席上的主人，那时，正坐在罗斯福的身边。罗斯福凑近他轻轻地说："请把坐在我对面那些客人的情形告诉我一些！"陆思瓦特把每个人的性情特点都大略告诉了他。罗斯福了解到每个人的性情以后，立刻就有了适宜的谈话资料。

不同的人接受他人意见的方式和敏感度是不同的，因此要针对对方的性格来说话表达，对于性格不同的人，与之说话的方式也要有所不同。

刚愎自用的人，不宜循循善诱，可以激他；喜欢夸大的人，不妨诱导；生性沉默的人，要多挑动他发火；脾气急躁的人，用语要简明快捷；思想顽固的人，要看准他的兴趣点，进行转化；情绪不正常的人，要让他恢复正常后才谈。

喜欢婉转的，就说流利的话；喜欢亢直的，就说爽快的话；喜欢学问的，就说高远的话；喜欢家常的，就说浅近的话；喜欢诚恳的，就说朴实的话。如此等等，只有知己知彼，才能对症下药，收到最好的说服效果。

晚辈向长辈表达——体贴尊重

人到老年，各种生理机能减退，思维迟缓，行动不便，甚至说话不清，而且心理上也发生了很大变化。比如，过分相信自己的经验，固执己见，难接受新事物，爱唠叨，喜欢回忆往事，爱听颂扬之词，怕听批评意见，等等。有的老人甚至还有一些怪癖。因此，与老年人交谈表达，就必须根据他们特殊的心理、生理状况，运用得体、合适的语言达到沟通的目的。

作为晚辈，应当用古今中外长寿之人的故事去鼓舞和激励老人与衰老、病痛抗争，还应用科学的保健知识去指导他们。比如：

"昨天我步行了18.5公里路。"一个老年人说，"呃，一个67岁的人，不能说不健康吧！"当然你只有一句话可以回答："琼斯先生，我当你还不到56岁呢！""我可是已经67岁了。"他有些喜悦地重复说着。"我想这是不可能的吧！"你再次强调着。这时你可以感觉到，老人心里非常高兴。

所以，在你与一个老年人谈话的时候，你先不必直接提起他的年纪，你只提起他所干的事情，而这些事情与他的年纪无关，这样你的话语就能温暖他的心，使他觉得你是一个非常可爱的人。

青年人与老年人沟通，需要把握以下几个原则：

第一，要主动关心老年人，以礼相待，取得老年人的好感。

第二，要虚心向老年人请教，既在知识上获益，又使长辈感受到尊重。

第三，努力适应和宽容老年人的一些缺点和与青年人不同的一些习惯，关心老年人的生活，常与他们交流感情，这样才能更好地与年长者沟通。

第四，不要乱开玩笑。同龄人相见开开玩笑，相互戏谑，能给生活增添乐趣，即使荤素兼行，亦无伤大雅。但跟老年人却不要乱开玩笑，弄不好就会触怒老年人。

第五，不能直指其错。老年人虽人生经验丰富，知识修养也较高，但是总会有智者之失。年轻人发现后不应直接指出，以免损害老者的自尊心。

第六，不要显能炫耀。年轻人跟老年人交往，尊重老人为第一要务，谦虚恭敬是起码要求。在老人面前显能炫耀，既是一种不恭的表现，也是一种失礼行为。

第七，不要心不在焉。老年人一般比较爱唠叨，回忆起往事，或提到自己得意的事，便没完没了。因此，跟老年人交往要有耐心。倘若老人谈得津津有味，而你却左顾右盼，显得不耐烦，必会给老人一种不好的印象。

长辈向晚辈表达——语重心长

对于已经成人的青少年，他们由于刚刚长大，自主自立意识增强，对父母、老师的"谆谆"教导已经厌倦了，产生或明或暗的抵触意识。这时，与之交谈，就要考虑到这点，尊重他们的自尊心，采取委婉方式，在"暗"话中启迪引导，使他们自己感悟和领会。

生活中有大事、有小事、有急事、有缓事，长幼之间性格也有急有慢，交谈时需要注意谈话和表达的艺术。比如，母亲同儿子发生了争吵，做父亲的站在任何一方添油加醋，都会火上浇油。在这种情况下，父子之间的谈话就要拖上几天，待儿子的火气平息以后，再站在公正的立场说话："你妈发火当然不对，可你那样顶嘴也不好，晚辈和长辈说话时更要好话好说呀！"这样的表达，肯定要比当场评定是非有效得多。

长辈有些事情没有必要或者不方便向年轻人、子女讲清楚，就可"长"话"短"说，把话题迅速切断，用几句最简洁而精练的话把很麻烦的事情解释开，或者转换一个话题。尤其在父母与年幼子女之间，有一些话题比较敏感，更宜用此法。

生活中的一些大事，尤其是有是非的大事不能仅限于暗示。长幼之间在谈论一些重要问题的时候，要讲究"硬"话"软"说的表达艺术。因为家庭不是法庭，父母不是法官，不能使用法官在法庭上面对罪犯所使用的语言同子女谈话。有些做长辈的，在子女本来需要规劝的时候，却因使用了"语重心长"的方式，以至于子女同长辈疏远而不肯听从长辈的要求，在歧路上越走越远。

长辈要掌握这一与晚辈谈话表达的艺术，需注意几点：

第一，需要有正确的思想和态度，要有同子女平等相处的民主作风。如果你总是摆出"老子说一不二"的架势，是一定谈不拢的。

第二，需要有一定的文化素养，谈话幽默而深刻，自然会有说服力和吸引力。缺乏学识的长者只会训斥人，而不能使晚辈心悦诚服。

第三，需要有控制自己的能力，使自己能当急而不急，当怒而不怒，不论在家庭中还是在社会上都一样讲究谈话的方式和方法。

异性之间表达——亦庄亦谐

在社会生活中，同异性谈话是一个微妙而复杂的问题。东方人在其传统文化的影响下，所表现出的行为比较含蓄。情感着重内在的体会，而不善于言词的表达。而西方人的行为则显得比较外向、开放、大胆，在语言的运用表达上也比较热烈、直接与外露。但是，人类本身从某种角度讲，异性之间的交谈毕竟还是有一些共同的特点与表达方式的。

与异性讲话，不同于与恋人和夫妻之间的讲话。由于性别的敏感性，在同异性讲话时，人们特别容易感到性别的差异，因而自觉或不自觉地抑制自己的情感，从而影响自己的口才和表达能力。比如，在讲话时，异性之间会故意回避有关性的问题，很少使用与性有关的字眼，甚至有关性、爱情的学术讨论都难以开展。在同异性讲话时，人们的坐、站、行的姿势都会尽量掩盖性的特征。有的人同异性讲话就很不自然，心情十分紧张。如果不讲究表达技巧和艺术，就很难收到预期的效果。下面介绍几种非常有效的与异性交谈表达方法。

1. 投其所好

有很多人在异性面前只注意谈他们自己感到有兴趣的事情，而这些事情也许是人家感觉非常无趣的。这样的谈话肯定不会有好的效果，如果把这方法反过来应用，你去引导别人谈他所感兴趣的事情，例如，关于他的专长、成就，等等。这样做，即使你的谈话不多，也会给人家一种亲切的印象。例如，小张在中秋节来临时，乘车回去与家人团聚。碰巧和一个"她"坐在同一排座椅上。而他不久便发现了身旁那道"靓丽风景"：身边的她身材苗条动人，一双大眼睛充满灵气。于是小张在心里悄悄地对自己说："噢，要是能认识她该多好啊！"但该怎样认识呢？后来他见到"她"面前放着一本《文学词典》，这才灵机一动，开口问道："嗨，小姐，你带着一本《文学词典》，想必也是一个文学爱好者啰？"就这样，由他那句话作引子，他们从鲁迅、胡适谈到三毛、王蒙；从唐诗宋词谈到朦胧诗、小散文……谈到终点站时两人就已交上了朋友。

2. 没话找话

现实生活中有时会出现这样的情况，当你面对自己想与之交谈的异性时，他或她却要拒你于千里之外或实行逃避主义。这时该如何应对呢？最好是找个美丽的借口使其愿意与你继续交谈。国外有这样一个故事：一位漂亮小姐坐在火车上，乘客寥寥无几。未过多久，上来了一位男士。他环视了车厢之后，发现只有那位小姐孤零零地坐着，就准备坐在这个小姐身边。小姐向车内看了看，发现还有许多空位，于是抬头看他，说："为什么你单单选择这个位置呢？""因为我经常坐在这个位置，这里是能得到幸运的位置。"她拿出行李站起来："原来是这样，那么请坐吧。我可以到别的空位去。"等她换了另一个位置后，那位男士也随着跟了过来。"嗨，你怎么离开你的幸运位置了？""因为我已经抓住了幸运，所以，我决定抓住不放。"那个小姐听了这样的诡辩，一下子笑了，说："你这人也真够幽默。""这就是我的风格呀……"就这样，双方的话题一下子打开了。

3. 赞美鼓励

人是喜欢被称赞的，无论6岁还是60岁的人都一样。与异性说话时用赞美来鼓励，提起了他（她）的自尊心，就比较容易打开其话匣子。这个方法同样适用于你的部属或同学、你的丈夫或太太，以及你所打交道的一切熟人和陌生人。

4. 谈论趣事

聪明的人，在与异性谈话时恰到好处地选择那些生活中趣事作话题，既可以消除彼此间的距离，也容易产生共鸣，增加亲切感。比如选择一些比较轻松、大众化的话题：影视圈里的绯闻轶事，音乐界里的排行夺魁，校园生活的诗情画意，等等。

有一次，家里来客，是妻子智君的两位女同学。她在厨房尽"马大嫂"（买、洗、烧）之责，由丈夫陪聊。毕竟是第一次见面，她俩免不了忸怩起来。丈夫赶紧调侃道："早就听智君讲，两位大小姐的烹调手艺很够品位的，今儿个你俩就给智君搞个技术鉴定，免得她竖着尾巴招摇过市，我很没面子的哦！"两位小姐抢着自谦起来："哪里呀，对烹调我们都没有研究，只是一些雕虫小技，远比不上智君姐的手艺地道，哪日先生赏光，我们献献丑哇！"丈夫一席话，很快消除了彼此的生疏感，使双方的交谈很快进入佳境。

5. 随机应变

和异性交谈，要比和同性谈话加倍地留心才是。因为你对他（她）所知甚少，加之性别的缘故，彼此之间的话题就显得特别谨慎敏感。所以你不得不重视任何可以得到的线索和暗示，随机应变地调整你的语言。

炜正暗恋着公关小姐玲。一日他带客人到大酒店"宿营"，顺便找到玲联络感情。可是玲以往见到他时的满面春风已无影无踪，迎接他的是神情倦怠、忧悒寡欢。炜不明真情，不敢造次，只好用"大众情话"开玩笑道："嗨！大小姐依然阳光灿烂，真是一天一个崭新的气象呀！""唉，什么灿烂啦！崭新啦！生活还是作圆周运动。"玲沉默片刻后，无精打采地敷衍着炜。

"是呀，生活是在作圆周运动，可我们作为圆周运动上的一个分子，每天都在发展自己呀！瞧你，昨天春光明媚活泼浪漫，今天秋色深沉睿智练达，处变不惊。佩服！佩服！"

"佩服什么呀，你别美化我啦，我正为无故遭到总经理训示，好生难过哩……"显然，玲被炜的细心体贴所感动，终于敞开心扉与炜畅谈起来。

6. 善用激将

与异性交谈，有时会遇到特别矜持的异性（女性居多）。当男子首先向她说话的时候，她像惜语如金似的仅用"是"与"不是"作答，无论你如何发问，她总是简单作答。对于这样性格的异性，你就要锲而不舍，耐着性子继续进攻，你要相信，时间能慢慢地使陌生者变得亲切起来，甚至引出她最有兴趣的话题，逐步改变"话不投机"的局面。

阿祥因写一篇市场调查报告，需要找微机操作员文姝小姐查看有关资料，可看见文小姐那满脸修女神情，心虚发慌了。稍定后，阿祥与她攀谈起来："文小姐每天倒挺忙的啊！""对！""你操作微机如此熟练有些资历了吧？""不长！"几个回合下来，文姝不但始终斩钉截铁般吝啬作答，而且脸上一直未解冻。于是阿祥转变谈话策略，"听办公室主任讲，我们单位有两位天使最驰名，你猜是谁？""不知道！"文姝依然简单作答。

"好，我告诉你。一个是公关天使阿凤，另一个就是小姐你呀！"阿祥放慢谈话速度说。"他们叫我什么天使？"阿祥见文姝的玉容终于活跃起来，故意顿了顿说：

"叫你冷艳天使啊！"

"简直胡说八道，阿祥，你看我像那么冷的人吗？其实……"文姝的话匣子终于被打开了。

当代青年男女只有积极消除彼此存在的言语障碍，运用各种恰当得体的交谈表达方式，因人而异，因境而宜，才能在异性之间架起一座沟通思想感情的桥梁，建立和谐的人际关系。

恋人之间表达——心有灵犀

在情侣交谈场合中，往往会听到男人喋喋不休地谈论这种或那种的事。我们单位如何如何，通常是最常见的话题。

如果这对恋人是在同一个单位服务的话，这倒是个很不错的话题；否则，一定会使女方觉得无味。例如，假若男方是在汽车保养场工作，于是他一直谈着汽车零件或机械构造方面的事，那一定会使女性听得发呆，而不知应从何答起。

所以，聪明的男人应该站在关怀对方的立场去和对方交谈，尤其是采取主动的男人更应该注意，不论如何，关怀对方总会令对方觉得愉快。

另一方面，作为被动的一方，女性对于不懂内容的话题，也不要显出漠不关心的样子。这的确是个很不好应付的场面，你应该怎么做呢？原则上，只要你对每一件事都具有强烈的好奇心，应该就不会有不感兴趣的话题出现。

往往，一些你本来不感兴趣的话题，也会带给你意外的收获，使你受益匪浅，比如说，以后和别人谈话时，如果提到你不感兴趣的事，就可以说："我上一次也和某人谈论过这件事……"这样，就可说另一个新话题了。

现在有很多年轻女性，从学校毕业后，就放弃了学习精神，这是错误的态度，人应该活到老学到老。有人以为学习就是要看书，这是毫无道理的看法，古代的学者（如苏格拉底、孔子等）哪里是由看书而来的？还不都是从别人的谈话中自己学习的。

无论男人还是女人，通过与人交谈，除了能带来兴趣外，还能增广自己的见闻。有了这种想法，在你的世界里，就不会再有不感兴趣的话题存在了。

当然，和呆板的他（她）交谈时，只要你多花一点心思去注意，也会发现很有趣的地方。还有从长辈、双亲、上司的谈话中，往往也可以得到非常丰硕的收获。现在的年轻人，都具有很强烈的对抗思想，往往将有些话置诸脑后，实在是很可惜，请捺下性子，好好地听一次，你会发现很有趣、很有用的一面。听完后，你若觉得有必要批评的话，再去批评也不迟，批评和聆听是两回事。

年轻女性的话题总是局限于流行的服饰、时代的潮流等，中年女性除了烹饪以外，对其他的话题都不感兴趣，这些做法都限制了话题的范围，又怎么能成为会话的高手？怎能成为受人欢迎的人？

看到这里，或许就有女性马上撅着嘴说："那我和别人交谈时，到底要怎么做嘛？"老实说，要寻找话题并不是一件很困难的事。因为，在你的生活环境中，只要是看得到的东西，都可以拿来当作话题。例如，报纸、电视、自己的经验等。聪明的你，是不是找到好话题了？

领导向员工表达——寓刚于柔

领导者在下属中的威信是由自己的言行树立起来的。与下属谈话不是朋友之间聊天，如果与下属谈了一小时都没有说出一句有决策感的话，那这场交谈就是无效的。

一个没有主见、被人左右的领导无法得到下属的尊敬与服从。所以领导必须维护自己的威信。领导在与下属交谈表达时，应摆出兼收并蓄、取长补短、互相切磋、求同存异的姿态。碰到情况不是忙于下结论，忙于批驳下属，而是以姿态低调、但主导性很强的话说出自己的看法。比如：

你的意见还是不错的，但是如果换一个角度看，会怎么样？比如……

我的想法和你不同，我们可以交换一下意见吗？

嗯，让我考虑一下，我们可以明天再谈这个问题。

这样的话语不失威严而且易于被部下接受。

领导者的威信可以在平时的说话表达中得以体现。对于自己权限范围内可以决定的事，要当机立断，明确"拍板"。比如车间工人上班经常迟到早退，不听调配。对于这种违反纪律的行为就应果断决定"停止工作，等岗留用"。如果下属向领导请示某动员会议的布置及议程，领导认为没有问题，就可以用鼓励的委婉语调表达："知道了，你看着办就行了。"这种表述既给了下属支持与鼓励，也给了下属行动的权力。

在与下属谈话时，应该让下属充分地把意见、态度都表明，然后再说话。让下属先谈，这时主动权在领导一边，可以从下属的汇报中选择弱点追问下去，以帮助对方认识问题，再表达自己的看法，这样易于让对方接受。让下属先讲，自己思考问题，最后决断，后发制人，更能有利于表现领导的说话水平。

除了讲话者本人的身份以外，讲话的方式也十分重要。领导说话表达就要像个领导，一个会说话的领导不用出示名片，完全可以通过自己的说话方式告诉别人他的身份。

领导说话要言简意赅、长话短说。因为作为领导，完全没有必要事事向下属解释清楚，句子说得短一些，不仅说起来轻松，听起来省力，吸引力也强。

领导要学会用幽默的风格讲话。幽默的话，易于记忆、又能给人以深刻印象，正是自我标榜的商标。尤其在工作场合，一般是不适宜开玩笑，但是如果领导能够恰当地开几句玩笑，恰恰说明他的特殊地位。

领导说话一定要有条理，要吐字清晰，语速适当。在说话时要坚定而自信，力度要适中，注视着对方的眼睛，这样才显示自己是充满自信和颇有能力的。如果讲话时眼睛不敢正视，会使下属觉得这个领导意志薄弱，容易支配。

在会议时，领导说话开口前先等几秒，等大家都望着你时再说。强调时一定要运用手势，不过不可以指着下属的脸晃动手指。讲话慢而清晰，语言简短，等于告诉下属："我有能力控制一切。"

领导一定要最后出场讲话，说话时将重点放在后面，愈能显出所说的话的重要性。尤其中国人是最具有"重点置之于后"的心理因素的。所以领导不能抢着说话，越是最后说话越有权威。

员工向领导表达——谦逊请教

有位名人曾经说过："对于某种上司而言，有一件事你永远不能做，那就是过于靠近宝座。你必须同老总保持一个安全的距离。"作为下级，一定要摆正与上级领导者的关系，要尊重上级。一般上级领导在下级面前都有保持一定尊严和权威的心理。如果下级无视上级，说话表达时目空一切，就会引起上级的反感。当然这里所说的尊重并不是说对上级领导唯唯诺诺、低三下四，而是抱着一种请教或者共同探讨的心态去与领导谈话，以诚恳的态度和充分的事实与上级沟通。

如果作为下级领导的你有一个新的构想，并且认为这个构想对公司十分有利。同时你也许会因为这个好的想法被提升，那么你要如何提出你的想法呢？你可以采取一种以退为进的方法，态度谦虚地向领导讨教，请他指正你的见解。这样做的原因有两点：第一，你要知道你的上司在这方面也许会比你有经验，只要稍微不慎就会给上级留下班门弄斧的印象；第二，如果你很不谦虚地提出你的意见，表现得目中无人，那么你的上司会认为你想显示你比他知道得多，使他下不来台！因此，你应该礼貌地提出这样的问题：

您认为我们这样做会不会更好，更合适呢？

如果我们这样做，您看会不会更节省成本呢？

您觉得这个方案在哪些方面还有不足之处呢？

如果我们这样做，您看顾客会有什么样的反应？

上述这些提建议的方法可以供参考。它们的优点在于不会伤害上级的自尊心，不会使他认为你冒昧无礼，反而会觉得你的态度谦虚谨慎。如果你的想法确实可行，自然就会被上级接受，而且还会更加重视你。

假如你的建议不被采纳，你也应该说："这就是我之所以向您请教的原因，到底还是您经验丰富啊！"这样的话可以使自己下台，上级也非常受用。

因此，对于上司一定要注意保持一个恰当的距离，并在保持一定距离的基础上，与上司达成某种利益上的互动互助关系，才可能真正适应上司的要求，从而做到上下级间心知肚明和人际默契。这个距离的确定，主要是依据上司的品性和对利益认同的程度来判断，但无论如何，也是容不得掺杂更多的个人情感因素的。

同事之间表达——疏通感情

同事关系在现实生活中司空见惯，从分公司总经理之间到部门经理之间都存在同事关系。同事关系处理好，会使本部门工作左右逢源，更会使全局的工作配合得紧密有加。要处理好这样的关系，说话和表达是关键。

感情是人际关系的"协调器"。同事之间的关系应当融洽，互无"心理防线"。这样工作时才顺当，而且心情愉快。由于自己工作的好坏与同事无直接的利害关系，因而在寻求同事的配合或帮助时，你和他之间的"感情"则是他是否乐于帮忙的最重要的砝码。如果你和他感情甚笃，那么问题会迎刃而解，反之，不知道要费多少口舌。所以有经验的人总把加强与同事的感情放在处理同事关系的首位。

要善于主动与同事沟通，敞开心扉，疏通情感交流的渠道。若此，对方也会逐步开启"心理门户"。这样"一来一往"，感情自然会增进。同事之间，相逢开口笑，有助于解决某些分歧与矛盾。鲁迅说得好："相逢一笑泯恩仇。"

喜怒哀乐是人之常情，同事之间难免有分歧、有磕碰，但常常都在一笑中了之。这说明笑是一种奇妙的语言，现实生活中，它既能表达敬意，也能表达歉意，还能表达谅解、宽恕等心情。不要表现愤怒，愤怒的情绪常常激起冲动，使同事之间关系僵化，有时甚至导致不可收拾的结果。每个人都要学会制怒，孙子曰："主不可以怒而兴师，将不可以愠而致战。"特别是当有人别有用心搞自己的小动作时更是如此。

同事之间的批评也很重要，但要使这种批评真正得到良好效果并不容易。这里要讲批评的艺术，批评前首先要自问，我批评的是哪件事？是否有"千年谷子万年糠一齐抖"的嫌疑？对方有可能接受我的批评而改正吗？我期望对方改善到什么程度？我选择什么样的时机、方式和场合发表自己的意见？我能否对批评的意见负责任？对方有无可能曲解我的意图？

善于融批评于闲谈、娱乐之中，讲究艺术的批评才能获得良好效果。当对方幡然悔悟时，他就会反过来感激你。这样增进感情的目的就达到了。

跟任何人都聊得来

适应是交际礼仪的需要。当面对一个性格不合的人，你是让自己适应他还是让他适应你？当你来到一个陌生的人群中，你会在多长时间内适应周围各种各样的人？可以说，人与人之间，都有一个艰难的适应过程，无论是孤独闭塞的人还是阅历丰富的人，在这一点上，谁都不能避免。

人际适应上的困难正显示出我们沟通表达上已出现了障碍，或沟通形态、方式上的僵固与自限，致使有"话不投机半句多"的情形，而无法与他人继续对谈下去。我们常发现许多小朋友很在乎同伴是否"跟他好"；在校的学生也很关心自己的形象，在意别人理不理他，在意是否受到同学欢迎；而成年人，更是渴望从别人那里得到肯定与归属感。这些现象都说明了人是多么在乎别人对自己的态度，以及受别人影响。当然，受欢迎的人，必定能和他人建立起良好的人际关系，实现良好的沟通；反之，如果人际关系不佳，发生人际间冲突，沟通不畅，就会造成人际适应上的问题，甚至影响到一般的社会活动和正常的工作、生活。

每个人在自己所接触的人中，必然会有与自己合得来和合不来两种类型的人。若是在学生时代，可以避免与自己性格不合的人交往，但是在特定场合，你必须学会适应别人，用别人喜欢和习惯的方式去沟通表达。

试着让自己学会主动适应面前的人，你的沟通表达会减少障碍，交际之路就会广阔起来。

1. 要认清对方的特点，然后采取适宜的交往法则

比如，对于心思比较细，重视礼节的人，若采取无所顾忌的粗鲁的方法，那你们之间就不可能建立起和谐融洽的关系。相反，对于不拘小节的人，过于小心谨慎地应对，对方会很厌烦，自然也不会建立起良好的人际关系。要想使自己的人际关系和谐，要想使自己轻松愉快地工作，那就一定要努力适应别人，采取与之相应的交往法则。

2. 转变自己的立场

为了与自己性格合不来的人建立起良好的人际关系，平时多用心、多留神是非常必要的。在掌握了人际关系基本常识的

基础上，无论遇到任何事，都要试着改变一下自己的思维，改变一下自己的观点和看法。做这些努力对彼此之间关系的好转大有作用。

3. 用沟通和包容去融化你与他人的心灵坚冰

包容和欣赏是礼仪的最高境界。包容他人的缺点，欣赏对方的优点，你们之间的关系就会和谐起来。人际交往的不和谐多半是由于沟通不当造成的。各自对意见和观点的偏执、不能适应他人等会给人际交往造成障碍。沟通时要坦诚，接纳彼此的看法，并积极地倾听对方所表达的信息；彼此的要求和请求要合情合理。尊重他人的自由与适度地自我肯定表达；不要建立在"别人应该知道我的意思"的错误假设上来与人沟通。

与志趣相投的人沟通自然会容易轻松，而当我们与性格不投的人接触、交涉时，姑且顺水推舟、投其所好。当他发现自己所强调的利益被肯定了，自然就会表示满意，沟通就会很快获得成功。

精准表达：分清对象好沟通

人是有感情的高级智能生物。在人们的人际交往活动中有一定规律可循。每个人的嗜好、想法都不一样，所以我们在交际沟通中遇到的人也各不相同。与人交谈时，倘若能够明白对方属于何种类型，沟通表达起来就比较容易了。现在列举七类人供参考。

1. 与死板的人的沟通方法

这类型的人，就算你很客气地和他打招呼、寒暄，他也不会做出你所预期的反应来。他通常不会注意你在说些什么，甚至你会怀疑他听进去没有。你是否也遇到过这种人？

和这种人打交道，刚开始多多少少会感觉不安，但这实在也是没办法的事。

遇到这种情况，你就要花些工夫，仔细观察，注意他们的一举一动，从他们的言行中，寻找出他们所真正关心的事来。你可以随便和他们闲聊，只要能够使他们回答或产生一些反应，那么事情也就好办了。接下去，你要好好利用这一话题，让他们充分表达自己的意见。

每一个人都有他感兴趣和所关心的事，只要你稍一触及，他就会开始滔滔不绝地说，此乃人之常情，因此，你必须好好掌握并利用这种人的心理。

2. 与傲慢无礼的人的沟通方法

有些人自视甚高、目中无人，时常表现出一副"唯我独尊"的样子；像这种举止无礼、态度傲慢的人，实在叫人看了生气，是最不受欢迎的典型。但是，当你不得不和他接触时，你要如何对付他？

某个企业的一位副科长，说话虽然客气，眼神里却有些许傲慢，且不带一丝笑意，这种人实在是非常不好对付的，当我们初次会见他时，就感觉有一种"威胁"存在。

对付这一类型的人，说话应该简洁有力才行，最好少跟他啰嗦，所谓"多说无益"，因此，你要尽量小心，以免掉进他的圈套里头。

不要认为对方客气，就礼尚往来地待他，其实，他多半是缺乏真心诚意的；你最好在不得罪对方的情况下，言词尽可能"简省"。

当然，每个人都有自己的立场和苦衷，这位副科长可能自觉"怀才不遇"，或怨恨自己运气不好、无法早点出头；又由于其在社会上打滚甚久，城府颇深，故尽管不受领导眷顾，也会在"保卫自己"的情况下，与人客气寒暄。因此我们只要同情他，而不必理会他的傲慢，尽量简单扼要地交涉就对了。

3. 与深藏不露的人的沟通方法

我们周围存在有许多深藏不露的人，他们不肯轻易让人了解其心思，或知道他们在想些什么，有时甚至说话不着边际，一谈到正题就"顾左右而言他"。

双方进行交涉，其目的是了解彼此情况，以使任务圆满达成；因此，经常挖空心思去窥探对方的情报，使对方露出其"庐山真面目"来。

但是，当你遇到这么一个深藏不露的人时，你只有把自己预先准备好了的资料拿给他看，让他根据你所提供的资料，做出最后决断。

人们多半不愿将自己的弱点暴露出来，即使在你要求他作出答案或提出判断时，他也故意装不懂，或者故意言不及义地闪烁其词，使你有一种"高深莫测"的感觉，其实这只是对方伪装自己的手段罢了。

4. 与草率的人的沟通方法

这种类型的人，乍看好像反应很快；他常常在交涉进行至最高潮时，忽然妄下决断，予人"迅雷不及掩耳"的感觉。由于这种人多半是性子太急了，因此有的时候为了表现自己的"果断"，决定就会显得随便而草率。

他们经常会"会错意"，由于他们的"反应"太快，往往会对事物产生错觉和误解。其特征是：没有耐心听完别人的谈话，"断章取义"，自以为是地做出决断。如此虽使交涉进行较快，但草率做下的决定，多半会留下后遗症，招致意料不到的枝节发生。

倘若你遇到上述这种人，最好按部就班地来，把谈话分成若干段，说完一段（一部分）之后，马上征求他的同意，没问题了再继续进行下去，如此才不致发生错误，也可免除不必要的麻烦。

5. 与慢性子的人的沟通方法

对于行动比较缓慢的人，最是需要耐心。

你与人交际时，可能也经常会碰到这种人，此时你绝对不能着急，因为他的步调总是无法跟上你的进度，换句话说，他是很难达到你的预定计划的。所以，你最好按捺住性子，拿出耐心，尽可能配合他的情况去做。

此外应该注意的是：有些人言、行并不一致，他可能处事明快、果断，只是行动不相符合罢了。

6. 与自私的人的沟通方法

与自私的人沟通要照顾对方自私自利的心理，宽容对方看利弊的做法。只要不是原则性的问题，就不要纠缠不放，同时，在原则范围之内，耐心地与之交谈，以争取自己的利益。

7. 与冷漠的人的沟通方法

人的心态和感情，常常会透过脸部的表情显现出来，故在交际的时候，表情往往可供作判断情况的工具。然而，有些人却是毫无表情可言的，他的喜、怒是不形于色的，这种人若非深沉，就是呆板。当你和这种人进行交际时，最好的方法就是特别注意他的眼睛和下巴。

常有人说："眼睛是会说话的。"诚然，眼睛是灵魂之窗，"观其眸子"你自然可以知道他的心思。往往，你可以从对方的表情中，看出他对你所持的印象究竟如何。有时候，自己会过分紧张得连表情都不很自在，此时，你不妨看看对方的反应：是不加注意、无动于衷？还是已然察觉、面露质疑？留意他的眼神，你一定可以得到答案。

有时候，适度的紧张和放松，也可以在交际之中，形成一种理想的气氛。只是，当你明白对方的反应是受自己的应对态度所影响，进而影响到交际的结果时，就不得不特别注意、研究一下自己的言行举止了，特别是脸上毫无表情的人更应注意才行。

恰当表达，每一句都说得恰到好处

说话要有分寸，表达要有尺度，分寸尺度拿捏得好，很普通的一句话，也会平添几许分量，话少又精到，给人感觉深思熟虑。而说话的分寸取决于你谈话的对象、话题和语境等诸多因素。换句话说，要言之有度。

　　言之有度，就是哪些话该说，哪些话不该说，应该怎样说才能获得更好的交谈效果。言之有度，说话则恰到好处，表达则恰如其分。

说话表达要恰到好处

中国是个讲究中庸的国家，一切都力求做到恰到好处，过与不及都不值得提倡。现实生活中，与他人交往，说话表达，恰到好处的原则也很重要。下面从几个方面来简要谈一下。

第一，对话是交际的基础，有对话才有交流，有交流才能产生情感。

一次成功的交谈应像一场接力赛，每个人都是集体接力的一员，既要接好棒，也要交好棒，棒在自己手上时，要尽心尽力跑好，棒在他人手上时，不妨为之加油，为之喝彩。如果把交谈变成一个人的独白，尽管你讲得眉飞色舞，口干舌燥，也没有人为你鼓掌喝彩，所以能说善侃者切忌扮演"一言堂主"的角色。

第二，交谈中，由于各人的阅历不同，对事物的认识也不尽一致，观点的分歧、碰撞、交锋不可避免。

这本是很正常的现象，如果一听到对方提出不同的意见，就急迫地插话或打断他人的话，欲把自己的观点强加于人，这样必然给人留下狭隘偏激的印象。明智的做法应该是大度宽容，不要盲目排斥，人家观点与你不一致，你可以说服或被说服，可以妥协，也可以求同存异。智者千虑，必有一失；愚者千虑，必有一得。集思广益，取长补短，才能使我们既长智慧，又得人心。

第三，在交谈过程中，每个人都有表现欲，同时也有被发现、被承认、被赞赏的内在心理需求。

如果只热衷于表现自己，而轻视他人的表现，对自己的一切津津乐道，而对他人的一切不屑一顾，就势必造成自吹自擂、自我陶醉的不良印象。

从以上三个方面的叙述，我们可以看到，注意恰到好处对说话有很大的影响。如果是"一言堂"，就会被人称为"话篓子"，甚至会妨碍与他人的继续交往。

把握好表达的分寸

说话表达要有分寸，要言之有度，分寸要拿捏得当，度要把握得恰到好处。

有度的反面则是失度，什么叫作失度呢？一般说来，对人出言不逊，或当着众人之面揭人短处，或该说的没说，不该说的却都说了。这些都是失度的表现。

下面简要介绍一些在谈话中禁忌的话题，接触这些话题容易导致谈话失度，产生不良效果，在平时与人交谈要避免。

1. 随意询问健康状况

向初次见面或者还不相熟的人询问健康问题，会让人觉得你很唐突，当然如果是和十分亲密的人交谈，这种情况不在此列。

2. 谈论有争议性的话题

除非很清楚对方立场，否则应避免谈到具有争论性的敏感话题，如宗教、政治、党派等易引起双方抬杠或对立僵持的话题。

3. 谈话涉及他人的隐私

涉及别人隐私的话题不要轻易接触，这里包括年龄、东西的价钱、薪酬等，容易引起他人反感。

4. 个人的不幸

不要和同事提起他所遭受的伤害，例如他离婚了或是家人去世等。当然，若是对方主动提起，则要表现出同情并听他诉说，但不要为了满足自己的好奇心而追问不休。

5. 讲一些不同品味的故事

一些有色的笑话，在房间内说可能很有趣，但在大庭广众之下说，效果就不好了，容易引起他人的尴尬和反感。

在人际交往中，谈话表达要有分寸，认清自己的身份，适当考虑说话内容。哪些话该说，哪些话不该说，应该怎样说才能获得更好的表达效果，是谈话中应注意的。

同时还要注意讲话表达尽量客观，实事求是，不夸大其词，不断章取义。表达尽量真诚，要有善意，尽量不说刻薄挖苦别人的话，不说刺激伤害别人的话。

表达感情要适可而止

人有时非常感性，容易冲动，感情是当众讲话中的必备，但一定要讲究"度"。如果不对感情加以自我控制，任凭情感泛滥，会让人厌恶，显得虚伪轻浮，正所谓"过犹不及"。心理学家卡洛·塔维斯说："不仅应该认识坦白之必要，而且要知道什么时候才应该坦白，坦白到什么程度。"不分对象、不顾场合的真情流露是要付出非常昂贵的代价的。

苏联已故领导人赫鲁晓夫曾在联合国大会上作过一次演说，感情充沛，内容丰富，本应收到很好的效果。可他在激动之中忘乎所以，竟脱下一只鞋拿在手里，在讲台上使劲代替手掌拍打，一时全场哗然。无独有偶，在第二次世界大战时，滑稽演员卓别林曾被邀去华盛顿作抗击法西斯公债募购演说，听众人山人海，卓别林也情绪激昂。由于他过于兴奋，竟从临时搭起的讲台上滑了下来。这还不说，他又一手抓住身边的一位女明星，两人一起栽倒在一位身材高大、年轻英俊的海军军官——后来成为美国第32届总统的罗斯福身上，观众为之哗然，庄严肃穆的募捐险些成为一场闹剧。

无论有声语，还是势态语，都讲求自然、简明，富于变化，与情感的表达相宜适度。不及与过度都是不足取的，甚至是失败的。

如一位姑娘就诊，值班的高医生给她诊了脉，用听诊器在其下腹部听了几分钟，便面带笑容地当众高声宣布："是喜病，3个多月了。"话音刚落，姑娘的母亲那蒲扇般的大巴掌已重重地落在高医生的左脸上，并骂道："杂种！你污辱我闺女！"扔下女儿冲出门去。姑娘也泪流满面地离开了门诊室。挨打的高医生不但没得到在场群众的同情，反而引起很多人的非议。高医生的话不可谓不真，其情不可谓不实，然而这种随便表露真情实感很不相宜，其代价是挨耳光，损形象。

奉承也要有个度

1671年5月，伦敦发生了一起举世震惊的盗窃案，一伙盗贼潜入伦敦市郊马丁塔，想要抢走英国"镇国之宝"——国王皇冠。因消息走漏，盗贼束手就擒。

英王查理二世得知此事，非常震惊，决定亲自审问这些胆大包天的狂妄之徒。于是，罪大恶极的首犯布勒特被押到了国王面前。

查理二世看着眼前这位其貌不扬的人，心中暗想：我倒要看看此人究竟有何能耐，居然敢盗国宝，想到这里，便开口问道："听说你还有男爵的头衔？"

"是的，陛下。"布勒特老实地回答。

"我还听说你这个头衔是诱杀了一个叫艾默思的人而得来的。"

"陛下，我只是想看看他是否配得上您赐给他的那个高位，要是他轻而易举地被我打发掉，陛下就能挑选一个更适合的人来接替他。"

查理二世沉思了一会儿，觉得布勒特不仅胆大包天而且口齿伶俐。于是又厉声问道："你胆子越来越大，竟然敢来盗我的王冠？"

"我知道我这个举动太狂妄了，但是，陛下，我只是想以此来提醒您关心一下我这个生活无依无靠的老兵。"

"哦，什么？你并不是我的部下？"

"陛下，我从来不曾对抗过您，现在天下太平，所有的臣民不都是您的部下？我当然也是您的部下。"

说到这里，查理二世觉得布勒特更像是个无赖，"那你说吧，该怎么处理你？"

"从法律的角度说，我们应当被处死。但是，我们五个人每一位至少会有两位亲属为此而落泪。从陛下您的角度看，多十个人赞美总比多十个人落泪好得多。"

查理二世没有想到他会如此回答，接着又问："传说中你是个劫富济贫的英雄，你觉得自己是个勇士还是懦夫？"

"陛下，我没有一个地方可以安身，到处有人抓我，去年我在家乡搞了一次假出殡，希望大家以为我死了而不再追捕我，这不是一个勇士的行为。因此，尽管在别人面前我是个勇士，但在陛下的权威面前我是个懦夫。"这番强词夺理的辩解竟然让查理二世大悦，最后竟赦免了布勒特。

人总是喜欢别人奉承的。有时，即使明知对方讲的是奉承话，心中还是免不了会沾沾自喜，这是人性的弱点。一个人受到别人夸赞，绝不会觉得厌恶，除非对方说得太离谱了。

当一个人听到别人的奉承话时，心中总是非常高兴，脸上堆满笑容，口里连说："哪里，我没那么好，你真是很会讲话。"即使事后冷静地回想，明知对方所讲的是奉承话，却还是抹不去心中的那份喜悦。因此，说奉承话是与人交际所必备的技巧，奉承话说得得体，会使你更讨人喜欢。

奉承别人首要的条件，是要有一份诚挚认真的态度。言辞会反映一个人的心理，因而有口无心，或是轻率的说话态度，很容易被对方识破，而产生不快的感觉。奉承别人时也不可讲出与事实相差十万八千里的话。例如，你看到一位表情呆滞的孩子，却对他的母亲说："你的小孩看起来很聪明！"对方的感受会如何呢？本来是奉承话，却变成很大的讽刺，收到了相反的效果。如果你说："哦！你的小孩子好像很健康。"效果就会好些。

所以，奉承别人要坦诚，这样，你所说的奉承话，会成为真正夸赞别人的话，对方听在耳中，感受自然和听一般奉承话不同。

逢人只说三分话

罗曼·罗兰说："每个人的心底，都有一座埋藏记忆的小岛，永不向人打开。"马克·吐温也说过："每个人像一轮明月，他呈现光明的一面，但另有黑暗的一面从来不会给别人看到。"

这座埋藏记忆的小岛和月亮上黑暗的一面，就是隐私世界。每一个人都有自己的隐私，都有一些令人不快、痛苦、悔恨的往事。比如恋爱的破裂，夫妻的纠纷，事业的失败，生活的挫折……这些都是自己过去的事情，不可轻易示人。

每个人都有自己的过去，都存在一些不为人知的秘密。朋友之间，哪怕感情再好，也不要随便把你过去的事情、秘密告诉对方。

如果你是职场中人，你将你的秘密告诉你的同事，在关键时刻，他很可能会拿出你的秘密作为武器回击你，使你在竞争中失败。他将你不光彩的秘密说出来，你的竞争力就会大大削弱。

与同事说话，要分人、分场合、分时间。你所说的话，对方是不是爱听，说你自己的事，同事必须关心吗？说同事的事，你的说法正确吗？不分场合地讲你的事情或同事的事情，他们会不会反感？不管同事的心情好坏、时间松紧，唠唠叨叨，同事不厌烦吗？这些都是你要考虑的，要"三思而后言"。过多的暴露，会让人觉得你肤浅；过分的热情，会让人产生讨好的印象。因此，与同事说话，要因人而异，否则物极必反。

不分青红皂白地把同事当作知心朋友，动辄一吐心曲，更是需要小心的。特别是与同事相交甚欢或话语投机之时，更要把住口舌关。当别人对自己倾诉知心话，自己要以诚相待时，仍要特别注意，不可毫无遮拦。因为人际关系是经常变化的，今天的知心人或许就是明天的对手，你的知心话就会成为明天握在对方手中的把柄。给自己留一点余地，留一条后路，总会让人觉得安全、踏实。

自己的秘密不要轻易示人，守住自己的秘密是对自己的一种尊重，是对自己负责的一种行为。

"逢人只说三分话，未可全抛一片心。"这话虽有偏颇，但却有些道理。尤其是同事之间，存在着竞争关系，可能你觉得这样做过于圆滑，但现实生活就会告诉你这样的道理，孔子说过："不得其人而言，谓之失言。"

口有遮拦，表达细掂量

在交谈中，每说一句话之前，都要考虑一下你要说的话是否合适，不要口无遮拦，想说什么就说什么，给其他人造成不快。

小王和小张平时爱开玩笑，几天没有见，一见面一个就说："你还没有'死'呀？"对方也不计较，回一句："我等着给你送花圈呢。"两个人哈哈一笑了事。

后来小王因病重住进了医院，小张去医院看望，一见面想逗逗他，又说："你还没有死呀？"这一次，小王变了脸，生气地说："滚，你滚。"便把他赶了出去。

即使是亲密无间的朋友，说话也不能口无遮拦，不考虑别人的感受。有些人说话之所以惹恼人，并不是他们不会说话，而是场合观念淡薄。所以，对于这些人来说，当务之急在于增强场合意识，懂得不同场合对说话内容和方式的特定限制和要求，时时不忘看场合说话。

与别人聊天或者闲谈的时候，最好不要对个人的卫生状况妄加评论。如果某人的肩膀上有很多头皮屑或口气很难闻，或者拉锁纽扣没系好，请尽量忍耐不去想，并等他亲密一些的朋友告诉他。如果你直接告诉他，特别是在人比较多的场合，很容易让对方处于尴尬的境地。

许多人不喜欢别人问自己的年龄，尤其对女性而言，年龄是她们的秘密，不愿被人提及。对钱等涉及个人收入的一类私人问题的询问通常也是不合适的，可以置之不理。

在社交活动中，要与人为善，而不要打听、干涉别人的隐私，评论他人的是是非非等等。不要无事生非，捕风捉影，也不要东家长、西家短，更不要传小道消息，把芝麻说成西瓜。说话要有事实根据，不能听风就是雨，随波逐流。

恰当表达，不再话不投机

俗话说：良言一句三冬暖，恶语伤人六月寒。所谓恶语是指那些肮脏污秽、奚落挖苦、刻薄侮辱一类的语言。口出恶语，不但伤人，而且有损自身形象。在社交活动中，应当尊重人，温文尔雅，讲究语言美，而不要自以为是，出言不逊，恶语伤人。

如果两人相见，话不投机怎么办？不妨把"话不投机"的对方当作会话训练的对手。有一种人，当他和某人在一起时，总是有说不完的话，可是和另一个人在一起时，却沉闷得不讲一句话。

"酒逢知己千杯少，话不投机半句多"。有些朋友一旦感到与对方讲话不投机，自己虽有话题，也不愿提出，而且从心底里拒绝接受对方的意见，这不是一个有教养的人所应有的态度。

培养自己的说话表达能力，除了说话的场合与次数要多以外，更要把握与各式各样的人交谈的机会。你或许会发现自己对某个人有很深的成见，一见到他，就产生一股厌恶感。这时，你不要逃避，应该更积极地去跟他交谈，这是训练会话技巧的最佳方法。你可以选择一些比较轻松的话题跟他谈，例如电影、音乐等等，通过这些交谈，可以促进两人之间的感情，增加彼此的了解。经过几次交谈后，或许你会发觉："哦！原来他不是一个那么令人讨厌的人！"也可能你们会从此变成一对很谈得来的朋友。

日本影评家淀川长治曾说："我从来没有碰到过令我讨厌的人。"你如果能够纠正不跟讨厌的人讲话的观念，一定会变得很有人缘，会话技巧也必提高，这种一举两得的事，何乐而不为呢？而如果一次话不投机就放弃了深入了解别人的机会，或许失去的要比得到的更多。

说话表达要多留余地

人与人之间交往办事，说话交谈，万不可沿着某一固定方向发展到极端，而应在发展过程中冷静判断各种可能发生的事情，以便有足够的条件和回旋余地采取机动的应付措施和表达方式。

某报社的主编交给新来的记者王心一个重要的采访任务，同时，主编告诉他："这件采访工作在实施时存在一定的困难。"正当主编要详细地向他介绍一下时，王心却拍着胸脯说："没有问题，包您满意。"三天以后，没有听到任何动静，主编便问他采访进展得怎么样？进度如何？他才不得不说："不像想象的那么简单。"

虽然主编也知道这个采访不会很轻松，但对王心当时轻易地拍胸脯表态却大有反感，从而对他这个人的能力也产生了怀疑。

生活中有很多事情我们无法预料它的发展态势，有的也不了解事情的发生背景，切不可轻易地下断言，不留余地，使自己一点回旋都没有。

有次，赵刚与同事之间有了点摩擦，很不愉快，便对同事说："从今天起，我们断绝所有关系，彼此毫无瓜葛。"这话说完还不到两个月，这位同事成了他的上司，赵刚因讲过过重的话很尴尬，只好辞职，另谋他就。

因把话讲得太满，而给自己造成窘迫的例子到处可见。把话说得太满，就像把杯子倒满了水一样，再也滴不进一滴水，否则就会溢出来；就像打满了气的气球，再充就要爆炸。

凡事总会有意外，留有余地，就是为了容纳这些"意外"。杯子留有空间，就不会因为加进其他液体而溢出来；气球留有空间便不会爆炸；人说话留有余地，便不会因为"意外"的出现而下不了台，从而可以从容转身。

那么，怎样说话才能为自己留有余地呢？

对别人的请托可以答应接受，但不要"保证"，应代以"我尽量、我试试看"的字眼；上级交办的事当然接受，但不要说"保证没问题"，应代以"应该没问题，我全力以赴"的字眼。这是为万一自己做不到留后路，而这样回答事实上又无损你的诚意，反而更显出你的审慎，别人会因此更信赖你！即使事没有做好，也不会怪罪你。

不触犯对方的"逆鳞"

中国古代有所谓"逆鳞"的说法，强调即使面对富有智慧的气度的蛟龙，也不可掉以轻心。

传说中，龙的咽喉下方约一尺的部位，长着几片"逆鳞"，全身只有这个部位是逆向生长的，万一不小心触摸到这些逆鳞，必定会被暴怒的龙吞噬。至于其他部位，不论你如何抚摸或敲打都没太大关系，只有这几片逆鳞，无论如何也触摸不得，即使轻轻摸一下也犯了大忌。

每个人身上也都有几片"逆鳞"存在，即使是人格高尚伟大的人也不例外。唯有小心观察，不触及对方的"逆鳞"，也就是我们所说的"痛处"，才能保持圆融的人际关系。

谁都希望自己比别人聪明，谁都不愿意别人发现自己的失误。很多人最大的本事就是通过宣扬别人的错误来显示自己的聪明，而这恰恰触到了别人的心病。所以有意无意地张扬别人的错误，是一种损人不利己的行为。

每个人都有不为人知的秘密或隐私，在他过去的工作或生活历程中，他也许曾犯下错误，甚至做过不光彩的事情。如果你知道内情，在你的下属、同事或朋友犯错误或和你有不同意见而出言顶撞的时候，你将会怎么办呢？是揭人隐私，还只是就事论事？

有些人虽然不会把别人的隐私抖出，却常常把它当作筹码来压制他人。譬如，在盛怒的时候会说："你少跟我斗，你过去的黑资料还在我手中呢！"那个可怜的人会因为的确有污点掌握在别人手中，只好忍气吞声，但他心里却是非常气愤，于是，这种心情积累到一定程度，就会出现互相攻击对方隐私的情况。彼此都把对方的隐私抖出来，弄得两败俱伤，除了引来一大堆人围观，对谁也没有好处。因此，你要清楚，揭人疮疤是最没必要的。

也许有人会说："我并不是喜欢揭他的疮疤，但他的态度实在太恶劣，我才忍不住的。"这话乍听之下似乎有道理，但实际上只说明自己胸襟太窄。

在同事或同学之中，有的人总希望能有机会显示自己的能耐，一旦发现别人的失误，就似乎看到了自己的胜利，绝对不会忘记大肆地宣扬出去。如果朋友破天荒地办了件蠢事，你就像发现了新大陆一样，在背后逢人便讲，这是一大陋习。有些企业领导也有此陋习。某单位召开职工大会，厂长很神秘地宣布，"据可靠消息，某兄弟厂今年亏损300万，下岗200人；还有某兄弟厂今年亏损400万，下岗150人。"完了，还要附加一句"这是内部消息，外面不要乱张扬"，其实是此地无银三百两，巴不得大家好好宣扬。这似乎就是表彰他自己的功绩，其实他自己亏损多少，可能他连算都不敢算。这种东方式的竞争，很多人发挥得淋漓尽致。

当然也有人由于心直口快，无意中把别人的失误给当面指出来，直到别人脸红脖子粗，才意识到这样似乎不大妥当。很安静的办公室里，你发现同事文件上的一个字写错了，你是好心好意地来到他面前，声音不算很响地告诉他"你把'狠'写成'狼'了"，其他人可能没听到，但他却会感觉很难堪，并以为所有人都听到了，如果有人偷偷地笑一声，那就更让他几天都会感觉脸上无光，他也因此可能恨你几天。

宣扬别人的失误必然会让对方难堪、尴尬、伤了自尊。如果对方能较好地看待，或者说你这人本质还不错，那么可能结果会好些。万一对方是个很要面子的人，或者你人缘本来就一般，那就可能对你很不利了，你得小心着万一哪天就会有人报复你。如果你树敌还不止一个，那就更麻烦了！

想和周围人建立良好的人际关系，一定要记住：做事公私分明，尤其要注意，言谈表达之间不要说到别人的痛处。被击中痛处，对任何人来说都是不愉快的事。

不碰触别人的痛处，不但是说话待人的分寸，更是左右逢源的关键。

避开交谈中的"雷区"

美国女记者芭芭拉·华特初遇美国航空业界巨头亚里士多德·欧纳西斯时，见他正与同行们热烈讨论着货运价格、航线、新的空运构想等问题，芭芭拉没法插上一句话。在共进午餐时，芭芭拉灵机一动，趁大家谈论业务中的短暂间隙，赶紧提问："欧纳西斯先生，您在海运和空运方面都取得了伟大的成就，这是令人震惊的。您是怎样开始的？当初您的职业是什么？"这个话题一下拨动了欧纳西斯的心弦，他立即同芭芭拉侃侃而谈起来，动情地回顾了自己的奋斗史。

日常生活中，同病人谈治病强身的事情，同家长谈培养子女的方法，同青年人谈今后的发展目标，同家庭主妇谈安排生活的诀窍，同学生谈提高学习效率的经验……这些话题无一例外都是对方乐于接受的。

选择话题，除了注意对方的需求外，还要小心避开"雷区"，尽量选择"安全系数大"的话题。

首先，不要不识深浅，误入禁区。每个人都有自己的禁区，譬如个人隐私、怪癖、生理缺陷等。这一类内容应当有意避开，不要去谈论。不然的话，轻则破坏谈话气氛，重则伤感情，甚至会导致争吵或关系破裂。

其次，避开可能引起对方伤感或误解的敏感话题。每个人除了有若干"禁区"外，还存在"敏感地带"，谈话中都应当小心避开。譬如，不幸者忌谈他遭受不幸的往事，失恋者忌谈爱情与婚姻问题，残疾人的家庭忌谈家中的那位残疾者，等等。有时，与医生、律师等专业人士交谈，在他们工作以外的时间里，不宜谈过分具体的专业话题，如什么病该怎么医治，什么纠纷该怎么处理等。同要人交谈，往往忌谈政治、宗教和性的问题。"敏感话题"很难处理，一般要尽量避而不谈。

选择话题除了看人之外，还要看场合。会话是在一定场合、情境之中进行的，话题应当同场合、情境协调，不协调的话题不但大煞风景，而且还有可能损害人际关系。喜庆的场合，不能谈令人伤感或通常认为不吉利的话题。悲哀的场合，不能谈令人捧腹大笑的话题，也不宜谈婚恋喜庆等话题。

精准表达：话到嘴边留半句

尽管说话表达要求有一说一，有二说二，无须曲里拐弯地云山雾海一番，但在与人交往时，为了避免伤害他人，为了更好地赞美他人或是为了得到别人的帮助时，必须将要表达之意寓于其他话语中，话到嘴边留半句，而不能做所谓的"直肠子"，快人快语，结果把事情搞砸。

话到嘴边，应该留下哪半句呢？

1. 隐私或秘密不可轻易泄露

这两样东西，将暴露自己的意图和弱点。对方也许是朋友不是敌人，不过就怕他竟然是敌人或受敌人利用。

偶有一些人，"心底无私天地宽"，敢说就敢做，敢做就敢当，没有什么隐私，也不怕受损，"事无不可对人言"。这种人都是遍体鳞伤的英雄，十个人中大概有九个不敢自认是这种人，也没有"打落牙齿和血吞"的心理准备，所以话到嘴边，留下这要命的半句是非常有必要的。

2. 留住自以为是的见解

人们都是根据有限信息进行思考并形成想法，在信息残缺不全时，会形成偏见。加上感情倾向与情绪作用，会使自己的见解偏得更厉害。正如索罗斯说："我们对世界的所有认知都有缺陷，因为我们无法透过没有折射作用的棱镜看待这个世界。"

虽然每个人的想法都带有偏见，但掌握信息较多、比较理智、能有效克服情绪的人往往意见更正确，至少更令人信服。因为在一些人中，大家的见解都超不过他的见解。你看那些经验丰富的领导人，当别人进行热烈的讨论时，他却坐在那里一言不发。等别人把想说的话都说完了，他再发表意见，一开口就语惊四座，让大家都觉得自愧不如。其实，他在保持沉默时，并非没有想法，只不过能隐忍不言而已。当他听完所有人的讨论后，掌握的信息已经比别人多了，在此基础上形成的想法，自然胜过所有人。

3. 不发毫无价值的牢骚

毛主席曾告诫那些革命意志不坚定的同志，尤其是知识分子：牢骚太盛防肠断。生活本来就是不如意的事要占很大比例，你到哪里去找一个圆满的世界？已经吃到肚子里的东西，无论米谷糟糠，总是要自行消化的，岂能吐出来让别人心情难受？抱怨通常没有价值，只有一种例外：你想让某人知道你的想法，却不便当面说，想让眼前这个喜欢多嘴饶舌的人带话过去。